DE
J.-J. RUSSEO

(J.-J. ROUSSEAU)

Utrum **MISOPOLIS** fuerit an **PHILOPOLIS**

EX GENAVENSI CODICE,
CUM CETERIS RUSSEI OPERIBUS COLLATO
QUÆRITUR

HÆC

APUD FACULTATEM LITTERARUM PARISIENSEM DISPUTABAT

JOHANNES IZOULET

Aggregatus philosophiæ.

EDEBAT PARISIIS
FÉLIX ALCAN, BIBLIOPOLA
108, VIA DICTA BOULEVARD SAINT-GERMAIN

M DCCC XCIV

DE

J.-J. RUSSEO
(J.-J. ROUSSEAU)

Ln 27
42949

CORBEIL. — IMPRIMERIE ÉD. CRÉTÉ.

DE

J.-J. RUSSEO

(J.-J. ROUSSEAU)

Utrum MISOPOLIS fuerit an PHILOPOLIS

EX GENAVENSI CODICE,
CUM CETERIS RUSSEI OPERIBUS COLLATO
QUÆRITUR

HÆC

APUD FACULTATEM LITTERARUM PARISIENSEM DISPUTABAT

JOHANNES IZOULET

Aggregatus philosophiæ.

EDEBAT PARISIIS
FÉLIX ALCAN, BIBLIOPOLA
108, VIA DICTA BOULEVARD SAINT-GERMAIN

M DCCC XCIV

INDEX CAPITUM

Introductio 5

CAPUT I

DE ARTICULO QUI INSCRIBITUR « OECONOMIA POLITICA ».

§ 1. — Civitatem assimilandam esse cuidam « organismo ». 7
§ 2. — Esse Civitatem « ens morale » aliquid, « personam » quamdam, quæ de se « ego » dicere possit..... 9
§ 3. — « Voluntatem generalem », legum quasi fontem et principium, nihil aliud esse nisi vocem rationis, id est, optimi ab optimis indicationem 10
§ 4. — E « publica ratione » elici « legem » 13
§ 5. — Educationem constare ex pietate in Civitatem excitanda 15
§ 6. — Educationem esse publicam rem 17
§ 7. — De extraneo 19

CAPUT II

DE DISSERTATIONE QUÆ INSCRIBITUR « DISSERTATIO DE ORIGINE ET FUNDAMENTIS INÆQUALITATIS APUD HOMINES ».

§ 1. — Apud « antiquam » Humanitatem, consociationem esse nullam 21
§ 2. — Apud « mediam » Humanitatem, sanam esse et rectam consociationem 22
§ 3. — Apud « hodiernam » Humanitatem, consociationem esse depravatam 24

CAPUT III

DE OPERE QUOD INSCRIBITUR « CONTRACTUS CIVILIS. »

§ 1. — Necesse esse hominem e solitudine initiali egredi.	28
§ 2. — De formatione consociationis illius quæ « corpus morale », vel « persona publica » dici potest...	30
§ 3. — « Officium » et « utilitatem » consentire.........	33
§ 4. — De « privata voluntate » et de « generali voluntate ».	34
§ 5. — Quomodo Ethice oriatur......................	36
§ 6. — Unde gignantur « facultates morales » vel psychicæ.	37
§ 7. — Quomodo animal illud humanum in hominem vertatur...................................	38
§ 8. — A nemine pendere (in-dé-pendance) servitutem esse ; ab aliis alios pendere (inter-dé-pendance) esse libertatem............................	39
§ 9. — De magna Individui transfiguratione............	41
§ 10. — De « nisi » quodam, in argumentatione Russei, nobis in memoriam infigendo................	42
§ 11. — De communi utilitate.......................	43
§ 12. — Velle et scire	44
§ 13. — Voluntatem « generalem » non esse voluntatem « omnium »................................	45
§ 14. — Omnes privatas utilitates in unam consentire....	46
§ 15. — « Majori » suffragiorum numero parti non semper « jus » inesse................................	46
§ 16. — Justitiam et utilitatem consentire...............	47
§ 17. — De jure « domini » et « civium »...............	47
§ 18. — De consociationis commodis...................	49
§ 19. — De militia.................................	50
§ 20. — De pœna capitis	52
§ 21. — De rationis experte et quasi cæca turba ; et de primoribus in Civitate......................	54
§ 22. — De publica ratione (raison d'état).............	56
§ 23. — De divinis revelationibus....................	57
§ 24. — Qua vi consociationis Individuus transfiguretur..	60

CAPUT IV

DE OPERE QUOD INSCRIBITUR « ÆMILIUS ».

§ 1. — De homine « naturali » et de homine « civili »....	61

§ 2. — De officio legis 62
§ 3. — De Civitate antiqua cum recentiore collata......... 62

CAPUT V

DE OPERE QUOD INSCRIBITUR « CONSIDERATIONES DE ADMINISTRANDA POLONIA ».

§ 1. — De civilis constitutionis commodis; et de Judæa
gente 64
§ 2. — Quo pacto sanam legem civilem Russeus miretur. 65
§ 3. — Quanti momenti sit civilis educatio............. 66
§ 4. — Quomodo Russeus Civitatem antiquam laudibus
efferat ; recentiorem contra detrectet.......... 66

CAPUT VI

DE CODICE QUI DICITUR « GENAVENSIS CODEX ».

§ 1. — Hominem primitus merum animal fuisse.......... 69
§ 2. — De « privatis utilitatibus » utpote contrariis; et de
Individuis inter se pugnantibus................ 71
§ 3. — De gentibus inter se pugnantibus................ 73
§ 4. — De « voluntate generali » et de « voluntate privata ». 73
§ 5. — De falsa et de vera utilitate................... 77

Conclusio... 80

DE
J.-J. RUSSEO
(J.-J. ROUSSEAU)

INTRODUCTIO

Anno MDCCLIV, Dissertationem de inæqualitate edidit Russeus. *C. Bonnet*, qui de natura rerum philosophice inquirebat, Dissertationem confutare tentavit, et, cum Civitati faveret, hoc sibi cognomen « *Philopolis* » arrogavit (1).

Num igitur Russeus « *Misopolis* » habendus est?

Anno MDCCCLXXIII, in libro de Russeo, *J. Morley*, opinatus est Russeum in opere de Contractu civili a doctrina quæ in celeberrimis illis Dissertationibus inclusa erat discessisse (2).

Num reipsa Russeus primum « *Misopolis* » fuit, deinde « *Philopolis* »?

Anno MDCCCLXXIX obiit domina *Streckeisen-Moultou*, domini P. Moultou neptis, qui Russeo

---

(1) Lettre publiée dans le *Mercure* d'octobre 1755.
(2) *Rousseau*, by J. M. (London, Macmillan and co., 1873).

familiariter usus erat. Tum, ex hujus dominæ testamento, Genavensi bibliothecæ quidam de rebus politicis magni momenti *Codex* donatus est. Qui, anno MDCCCLXXXVII, ab *Alexeieff*, in Moscovensi Universitate professore, typis mandatus, anno MDCCCXCI, in opusculo, apud illam Gallicam Academiam quæ Academia scientiarum moralium et politicarum dicitur, ab *Al. Bertrand*, in Lugdunensi Universitate professore, in lucem prolatus fuit (1)

Al. Bertrand censet hoc Codice patefieri Russeum quemdam omnino novum, utpote Civitati faventem, scilicet esotericum quemdam Russeum, prorsus ab illo exoterico Russeo, Dissertationum illarum auctore, abhorrentem.

Unde Al. Bertrand concludit Russeum nulla alia causa Dissertationes illas edidisse, quarum doctrina a sinceris et intimis philosophi sensibus discreparet, nisi quod singulari paradoxo omnium mentes et animos vehementer commovere voluisset.

Num igitur Russeus, ut palam « *Misopolis* », ita secreto « *Philopolis* » fuit?

Sex præcipue Russei opera nobis evolvenda sunt, quorum quinque *vulgata*, cum sexto, *fere nondum in lucem edito*, Genavensi scilicet Codice, conferre in animo est.

---

(1) *Le texte primitif du Contrat Social* (Paris, Alphonse Picard, 1891).

CAPUT I

DE ARTICULO QUI « ŒCONOMIA POLITICA » INSCRIBITUR.

Ex hoc, qui nobis maximi momenti est, Articulo, excerpendæ sunt sex aut septem præcipuæ doctrinæ.

§ 1.

CIVITATEM ASSIMILANDAM ESSE CUIDAM « ORGANISMO ».

Primum, quasi verecunde Russeus hac similitudine utitur :

> Mihi detur venia utendi aliquantisper similitudine quadam, humili quidem et multis partibus incerta, sed quæ nihilominus sententiam meam dilucidius illustrare possit (1).

Sed, ex circumjecta explicatione, apparet similitudinem illam reipsa scriptori nostro minime negligendam videri.

Nonne utique mirandum est hanc de Civitate « *organismo* » assimilanda doctrinam reperiri posse apud auctorem dissertationis de « *contractu* »?

---

(1) « Qu'on me permette d'employer pour un moment une comparaison commune et peu exacte à bien des égards, mais propre à me faire mieux entendre. »

Assuevimus enim discordes æstimare has duas de Civitate doctrinas. Quid? Jamne ipse Russeus hæc tam dissimilia quodam modo componit, atque ita notabilem philosophi gallici cujusdam hodierni doctrinam prælibat?

Hæc est ipsa similitudo de qua agitur :

Corpus politicum si singulariter consideraveris, quasi corpus physicum ducere poteris, et, ut ita dicam, « *organismum* » quoddam, vivum quidem, et humano corpori consimile.

Suprema potestate figuratur caput; leges et mores sunt quasi cerebrum, principium nervorum et sedes intellectus, voluntatis et sensuum, quorum judices et magistratus sunt organa; commercium, industria et agricultura sunt quasi os et stomachus quibus communis cibus præparatur; publica pecunia est quasi sanguis quem prudens « œconomia », dum cordis officio fungitur, per totum corpus ad vitam alendam remittit et distribuit; cives denique sunt corpus et membra quibus machina movetur, vivit, et agit, et quæ, dummodo animal sanum sit, non ubilibet vulnerari possunt, quin dolor aliquis statim in cerebro percipiatur (1).

In ea, ut ita dicam, « compassione » Russeus commoratur.

Rursus enim, in eodem scripto, eadem similitudine utitur :

---

(1) « Le *corps politique*, pris individuellement, peut être considéré comme un *corps organisé*, vivant, et semblable à celui de l'homme.

« Le pouvoir souverain représente la tête ; les lois et les coutumes sont le cerveau, principe des nerfs et siège de l'entendement, de la volonté et des sens, dont les juges et magistrats sont les organes ; le commerce, l'industrie et l'agriculture, sont la bouche et l'estomac qui préparent la subsistance commune ; les finances publiques sont le sang, qu'une sage « économie », en faisant fonction du cœur, renvoie distribuer par tout le corps la nourriture et la vie ; les citoyens sont le corps et les membres qui font mouvoir, vivre et travailler la machine, *et qu'on ne saurait blesser en aucune partie qu'aussitôt l'impression douloureuse ne s'en porte au cerveau*, si l'animal est dans un état de santé. »

Non credendum est brachium lædi vel amputari posse, quin dolor in caput inferatur; nec magis credere possis voluntatem generalem id concedere posse ut quodlibet civitatis membrum membro alio lædatur aut destruatur, quam si quis credat hominis cujuslibet non vesani digitis oculos ejusdem effodi posse (1).

Quamquam alias quidem addubitat et tergiversatur, superest nihilominus antecedens illud propositum.

§ 2.

ESSE CIVITATEM « ENS MORALE » ALIQUID, « PERSONAM » QUAMDAM, QUÆ DE SE « EGO » DICERE POSSIT.

Ad hanc sententiam Russeus eo ipso ducitur quod corpus politicum cum corpore physico contulit :

Vita utriusque e conscientia communi constat, e mutua sensibilitate, qua omnes partes sibi inter se respondent. Quæ ubi primum non jam inter se communicant, et formalis unitas evanescit, et contiguæ partes, tantum juxtapositæ, non aliæ ab aliis pendent, tum moritur homo, aut dissolvitur civitas.

Itaque ergo *corpus politicum* quoque *ens morale* quoddam habendum est quod voluntatem habet (2).

---

(1) « Il ne faut pas croire que l'on puisse offenser ou couper *un bras*, que la douleur ne s'en porte à *la tête ;* et il n'est pas plus croyable que la volonté générale consente qu'un membre de l'état, quel qu'il soit, en blesse ou détruise un autre, qu'il ne l'est que *les doigts* d'un homme usant de sa raison aillent lui crever *les yeux*. »

(2) « La vie de l'un et de l'autre est *le cœur commun au tout*, la sensibilité réciproque et la correspondance interne de toutes les parties. Cette communication vient-elle à cesser, l'*unité formelle* à s'évanouir, et les parties contiguës à n'appartenir plus l'une à l'autre que par juxtaposition, l'homme est mort, ou l'état est dissous. »

« *Le corps politique est donc aussi un être moral* qui a une volonté.... »

Ex illis vocabulis, « ente morali », vel, sicut alibi Russeus loquitur, « persona communi », scimus omnes totam sociologicam quæstionem pendere.

Sine dubio, apparuit semper Russeus hæsitans et anceps inter eam doctrinam quæ Civitatem *nomine* tantum personam esse contendit, et doctrinam alteram quæ Civitatem *revera* personam dicit.

Etiam in hoc loco manifestum est illum dubitasse et incertum fuisse, cum his verbis « unitate *formali* » uteretur, uni et alteri certiori et significantiori verbo insertis.

Sed, ut infra demonstrabitur, apud eum, in summa, præstat hæc doctrina qua Civitas revera persona habetur.

§ 3.

« VOLUNTATEM GENERALEM », LEGUM QUASI FONTEM ET PRINCIPIUM, NIHIL ALIUD ESSE NISI VOCEM RATIONIS, ID EST, OPTIMI AB OPTIMIS INDICATIONEM.

Hæc est præcipua apud Russeum doctrina.

Ex Articulo duo valde significantia fragmenta eligemus.

Hoc prius :

Hæc voluntas generalis, quæ semper ad totius corporis et cujuslibet partis salutem atque commoda tendit, et quæ est legum quasi fons, ea, civi cuique, quod ad se et ad ipsam civitatem attinet, norma est justi et injusti (1).

---

1. « Cette *volonté générale*, qui tend toujours à la conservation et au bien-être du tout et de chaque partie, et qui est la *source des lois*, est, pour tous les membres de l'état, par rapport à eux et à lui, la règle du *juste et de l'injuste*..... »

« Voluntas generalis », hæc est, ergo, in Civitate aut Animali politico, *conservandi se et permanendi insita voluntas.*

Ex hac voluntate, vel potius ex hoc impetu instinctuque exoritur legum vis.

Ex *utilitate* igitur omnino procedit *justitia.*

In hoc inest difficultas, si quis a *generali* voluntate *peculiarem* voluntatem subtiliter discernere velit.

Nec tantum in Civitate discernendæ sunt hæ duæ voluntates, sed etiam in singulo Individuo.

Hoc expresse profitetur Russeus in altero fragmentorum quæ supra prænuntiavimus :

Hoc igitur primum et maximum præceptum est, in republica legitima aut populari, id est, in illa republica quæ sibi populi commodum proponit, ut observetur in omni re voluntas generalis....

Quæ vero, ut observetur, cognoscenda est; et præsertim discernenda a privata, PRIMUM APUD UNUMQUEMQUE NOSTRUM....

Quod discrimen semper difficillime efficitur; in quod sola ublimissima virtus satis idoneum lumen præferre potest (1).

Hic jamdudum prospicitur vocem illam « voluntatem generalem » non necessario idem significare atque hoc verbum « majoritatem ». Potest in intimo ipsius Individui animo discrimen exoriri :

---

(1) « La première et la plus importante maxime du *gouvernement légitime* ou populaire, c'est-à-dire de celui qui a *pour objet le bien du peuple,* est donc, comme je l'ai dit, de suivre en tout la volonté générale.....

« Mais, pour la suivre, il faut la connaître, et surtout la bien distinguer de la volonté particulière EN COMMENÇANT PAR SOI-MÊME.....

« .... Distinction toujours fort difficile à faire et pour laquelle il n'appartient qu'à la plus *sublime vertu* de donner de *suffisantes lumières.* »

quod intellexit Russeus, et distinctius intellexisset, si jam in ejus ætate *doctrina de cellulis* fuisset instituta. Est enim ipse Individuus Consociatio quædam, et quasi populus cellularum innumerabilis. Propterea in contraria distrahitur, assidue intestino certamine vexatus.

Hæc « generalis voluntas », cum ad verum totius consociationis « bonum » spectet, nihil est aliud nisi *voluntas sapientissima*, vel, sicuti Russeus ipse loquitur, voluntas illa in qua implicantur ea quæ dicit « sufficientem ingenii lucem » et « sublimissimam virtutem ».

Reipsa igitur « generalis voluntas » optimorum est voluntas, id est perpaucorum et selectissimorum.

Verumtamen fieri potest ut selectissimi ii et perpauci, adjuvante persuasione, multitudinem deliberationis prudentissimæ ac sapientissimæ participem faciant. Tum fit *vox populi* revera *vox Dei*. Sed *divinum* fit populare suffragium cum rationi assentiat, non quod *numero* vigeat. Pendet divinum e *qualitate*, non e *quantitate*.

Est igitur Russeus ἀριστοκρατείας fautor.

Sine ullo dubio legentium animos subiit, hanc voluntatem generalem, et sapientissimam et prudentissimam, nihil revera esse nisi hanc fama illustratam quæstionem de « autonomia », de qua Kantius disseruit, et quam eximie explanavit philosophus ille noster *P. Janet* (*La Morale*, p. 218-221).

Sive in Individuo, sive in Civitate, ex eo « autonomia » constat quod *voluntas superior* imperat *voluntati inferiori*, voluntas *rationabilis* voluntati *vesanæ*, « *spiritus* » « *carni* ».

Ergo « voluntas generalis » principium est internum, principium regens, vel, sicut dicebant Stoïci, τὸ ἡγεμονικὸν.

§ 4.

E « PUBLICA RATIONE » ELICI « LEGEM ».

Quomodo « voluntas generalis », id est sapientissima et maxime apta ad summum « bonum » consortio ministrandum, exprimitur et constituitur et imponitur Civitati? Per Legem.

Lege consociati homines vinciuntur. Lege constituitur Civitas.

Nunquam Russeus satiatus est celebrando et collaudando perpetuum miraculum quod Lege efficitur.

Si voluntas mea coerceri potest, jam non sum liber; nec jam bonorum meorum possessor sum, si quisquam alius in ea manus inferre potest... (1).

Cui proposito, quod sibi ipse objecit, his verbis respondet Russeus :

Hæc difficultas, quæ insuperabilis habenda erat, simul cum priore sublata fuit per sublimissimum omnium humanorum intitutorum, vel potius per cœlestem quamdam inspirationem, qua didicit homo immutabilia divini numinis decreta in terris imitari....

Qua incomprehensibili arte et subjecti fuerunt homines ut liberi fierent? et in reipublicæ utilitatem ita adhibita fuerunt

---

(1) « Si l'on peut contraindre ma volonté, je ne suis plus libre; et je ne suis plus maitre de mon bien, si quelque autre peut y toucher. »

bona, brachia, ipsa denique membrorum omnium vita, membris tamen incoactis et inconsultis? et eorum voluntas devincta fuit haud invitorum? et eorum repugnationi ita opposita fuit eorum assensio, et se ipsos punire coacti sunt, cum ea fecere quæ noluerant? Quomodo fit ut pareant cum nemo imperet; et servi sint cum nullum habeant dominum? eo magis revera liberi quod, sub specie servitutis, nemo libertatem suam alienat, nisi in his quæ cujusquam alius libertati nocere possint?

Lege prodigia illa efficiuntur.

Legi unice homines justitiam debent ac libertatem... hæc est vox cælestis quæ unicuique civi præcepta publicæ rationis dictat, et eum monet ut secundum suum proprium judicium agat, nec sibi ipsi unquam discrepet. Eam quoque unam duces invocare debent, quum imperant; nam si quis extra leges quemlibet alterum suæ privatæ voluntati subjicere nititur, ille statim e statu civili egreditur, et erga eum in mere naturalem statum recidit; quo in statu nunquam nisi necessitate parendum est (1).

---

(1) « Cette difficulté, qui devait sembler insurmontable, a été levée avec la première, par *la plus sublime de toutes les institutions humaines*, ou plutôt par une *inspiration céleste*, qui apprit à l'homme à imiter ici-bas les décrets immuables de la divinité.

« Par quel *art inconcevable* a-t-on pu trouver le moyen d'assujettir les hommes pour les rendre libres; d'employer au service de l'état les biens, les bras, et la vie même de tous ses membres, sans les contraindre et sans les consulter; d'enchaîner leur volonté de leur propre aveu; de faire valoir leur consentement contre leur refus, et de les forcer à se punir eux-mêmes quand ils font ce qu'ils n'ont pas voulu? Comment se peut-il faire qu'ils obéissent et que personne ne commande; qu'ils servent et n'aient point de maître; d'autant plus libres en effet, que, sous une apparente sujétion, nul ne perd de sa liberté que ce qui peut nuire à celle d'un autre? »

Ces prodiges sont l'ouvrage de la Loi.

« *C'est à la Loi seule que les hommes doivent la justice et la liberté.....* c'est cette *voix céleste* qui dicte à chaque citoyen les préceptes de la *raison publique*, et lui apprend à agir selon les maximes de son propre jugement, et à n'être pas en contradiction avec lui-même. C'est elle seule aussi que les chefs doivent faire parler quand ils commandent; car sitôt qu'indépendamment des lois un homme en prétend soumettre un autre à sa volonté privée, il sort à l'instant de l'*état civil*, et se met vis-à-vis de lui dans le pur *état de nature*, où l'obéissance n'est jamais prescrite que par la nécessité. »

Ita, « civilis status » e Lege oritur. Quam Russeus vocat non tantum « artem incomprehensibilem » et « prodigium », sed etiam « sublime institutum » et « cælestem inspirationem ».

Quid amplius et vividius dicere posset vehementissimus « Philopolis » ?

§ 5.

EDUCATIONEM CONSTARE EX PIETATE IN CIVITATEM EXCITANDA.

Quum Russeus hunc « civilem statum », e Lege ortum, tantum miretur et diligat, non potest non existimare pueros ita educandos esse ut quodam modo *animum civilem* sibi comparent.

Id enim aperte disputaturus est.

Ex eo præcipue civica educatio constat quod Individuus seipsum habeat quasi *partem in « toto »* complexam, non quasi *rem sejunctam* et solutam.

Si (homines) mature docentur nunquam se ipsos individuos considerare nisi utpote cum reipublicæ corpore congruentes, neque suam propriam vitam, nisi tanquam illius vitæ partem, ut ita dicam, novisse, tum demum poterunt hoc assequi ut in hoc majus corpus coalescant, et se quasi patriæ membra sentiant, et eam illo amore diligant exquisito quo quilibet a cæteris sejunctus homo se ipsum solum fovere soleat, et suum animum semper in hoc excelsum attollant, denique periculosam illam inclinationem unde omnia vitia nostra oriantur in sublimem quamdam virtutem commutent.

Non solum philosophia ostendit res posse ita verti; sed multa hujusmodi insignia exempla historia præbet; quæ quidem ideo apud nos rara sunt quia nemo curat cives hic esse, nec cuiquam in mentem venit satis mature operam dare ut cives instituantur. Inclinationes nobis insitæ, ubi decurrere cœperunt, et consuetudo apud hominem cum amore sui nimio conjuncta est, non jam mutari possunt; nec jam nos ex nobismet ipsis extrahere possumus, ubi primum amor sui unius in animo coactus hanc vilem agendi vim assecutus est qua omnis virtus hauritur et vita parvorum animorum tota agitur.

Quomodo inter tot cupiditates quibus comprimitur amor patriæ oriri posset? quid jam civibus tuis ex animo tuo superest qui inter et avaritiam et amicam et vanitatem distrahatur?

Ab initio vitæ discendum est merere vitam.... (1)

Ergo non tantum Russeus præcepta proponit educationis civicæ, sed etiam prævalide commendat Civitatis amorem, nec non exsecratur Civitatis incuriosos. Unde vocabulis iis « virtute sublimi » hic utitur; illic usurpat voces hujus modi « spernendam activitatem », « angustos animos », etc.

---

1) « Si on les exerce assez tôt (les hommes) à ne jamais regarder *leur individu* que par ses relations avec le *corps de l'état*, et à n'apercevoir, pour ainsi dire, leur propre existence que comme une *partie* de la sienne, ils pourront parvenir enfin à s'identifier en quelque sorte avec ce plus grand tout, à se sentir *membres de la patrie*, à l'aimer de ce sentiment exquis que tout homme *isolé* n'a que pour soi-même, à élever perpétuellement leur âme à ce grand objet, et à transformer ainsi en une *vertu sublime* cette disposition dangereuse d'où naissent tous nos vices.

« Non-seulement la philosophie démontre la possibilité de ces nouvelles directions, mais l'histoire en fournit mille exemples éclatants: s'ils sont si rares parmi nous, c'est que personne ne se soucie qu'il y ait des citoyens, et qu'on s'avise encore moins de s'y prendre assez tôt pour les former. Il n'est plus temps de changer nos inclinations naturelles quand elles ont pris leur cours et que l'habitude s'est jointe à l'amour-propre; il n'est plus temps de *nous tirer hors de nous-mêmes* quand une fois le *moi humain concentré dans nos cœurs* y a acquis cette *méprisable* activité qui absorbe toute vertu et fait la vie des *petites âmes*.

« Comment l'amour de la patrie pourrait-il germer au milieu de tant d'autres passions qui l'étouffent? et que reste-t-il pour les concitoyens d'un cœur déjà partagé entre l'avarice, une maîtresse, et la vanité?

« C'est du premier moment de la vie qu'il faut apprendre à *mériter de vivre*..... »

Ex Russei sententia, ille « *discit merere vitam* », qui civicas virtutes sibi comparat.

§ 6.

EDUCATIONEM ESSE PUBLICAM REM.

Negant quidam id Civitati jus esse ut puerorum educationi intersit : quod quidem nobis, abhinc annos prope quindecim, sæpius cantatum fuit. Quod Russeus valenter duobus argumentis confutat :

1° Cum rationi uniuscujusque hominis non concedatur sua officia arbitrio suo definire, ideo minus pueri patrum prudentiæ et falsis opinionibus tradendi sunt ut instituantur, quia ea institutio civitatis magis quam patrum refert... nam, secundum naturam, mors patri sæpius novissimos illius institutionis fructus abscondit, quos contra patria aliquando experitur; manet enim civitas, familia dissolvitur.

2° Quod si potestas publica, dum loco patrum agit et gravissimum illud munus suscipit, jura eorum usurpat quorum officio fungitur, tum ideo minus patribus conqueri licet quod in hoc nomina tantum mutant, et communiter utpote cives eamdem in pueros auctoritatem adhibebunt quam singulariter utpote patres exercebant; neque minus denique iis dicto parebitur nomine legis dicentibus quam cum nomine naturæ dicebant (1).

---

(1) « 1° Comme on ne laisse pas la raison de chaque homme unique arbitre de ses devoirs, on doit d'autant moins abandonner aux lumières et aux préjugés des pères l'éducation de leurs enfants, qu'*elle importe à l'état encore plus qu'aux pères*..... car, selon le cours de la nature, la mort du père lui dérobe souvent les derniers fruits de cette éducation, mais la patrie en sent tôt ou tard les effets; l'état demeure, et la famille se dissout. »

« 2° Que si l'autorité publique, en prenant la place des pères, et se chargeant de cette importante fonction, acquiert leurs droits en remplissant leurs devoirs, ils ont d'autant moins sujet de s'en plaindre, qu'à cet égard *ils ne font proprement que changer de nom*, et qu'ils

Argumentorum illorum conclusio hæc est :

Educatio publica, ex regulis a principe præscriptis et sub magistratibus a domino institutis composita, est igitur unum inter præcipua placita quibus popularis aut legitima respublica nititur (1).

Denique hæc insuper addit, in quibus quasi spirat gratissimus erga beneficam Civitatem animus :

Si pueri communiter æquis condicionibus educantur, si legibus publicis et præceptis generalis voluntatis imbuuntur, si docentur ea supra omnia venerari, si denique exemplis et rebus circumdantur quæ continuo commemorent teneram illam matrem unde alantur, et amorem quo illa eos foveat, et inæstimabilia bona quæ ab ea accipiant, et gratiam quam ipsi illi debeant, tum pro certo habeamus fore ut discant se inter se mutuo et quasi fraterno amore diligere, et semper ea tantum velle quæ civitas velit, et more virorum ac civium, non sophistarum vanas et steriles nugas garrientium, agere, aliquando denique illius patriæ propugnatores et patres fieri cujus tamdiu filii fuerint (2).

---

auront *en commun*, sous le nom de *citoyens*, la même autorité sur leurs enfants qu'ils exerçaient *séparément* sous le nom de *pères*, et n'en seront pas moins obéis en parlant au nom de la *loi*, qu'ils l'étaient en parlant au nom de la *nature.* »

(1) « L'*éducation publique*, sous des règles prescrites par le gouvernement, et sous des magistrats établis par le souverain, est donc *une des maximes fondamentales du gouvernement populaire ou légitime.* »

(2) « Si les enfants sont élevés en commun dans le sein de l'égalité, s'ils sont imbus des lois de l'état et des maximes de la volonté générale, s'ils sont instruits à les respecter par-dessus toutes choses, s'ils sont environnés d'exemples et d'objets qui leur parlent sans cesse de la *tendre mère* qui les nourrit, de l'amour qu'elle a pour eux, des *biens inestimables qu'ils reçoivent d'elle*, et du retour qu'ils lui doivent, ne doutons pas qu'ils n'apprennent ainsi à se chérir mutuellement comme des frères, à ne vouloir jamais que ce que veut la société, à substituer des actions d'hommes et de citoyens au stérile et vain babil des sophistes, et à devenir un jour les défenseurs et les pères de la patrie dont ils auront été si longtemps les enfants. »

Est Civitas principium « bonorum inæstimabilium »; est Civitas « amantissima mater » : num ita loqui posset quidam « Misopolis » ?

§ 7.

DE EXTRANEO.

Etiam recte et perspicue Russeus « civem » ab « extraneo » discrevit.

Animadvertendum est hanc normam justitiæ, quod ad cives attinet rectam, erga extraneos vitiosam esse posse. Cujus rei causa patet : tunc enim voluntas civitatis, quanquam quod ad sua membra attinet generalis est, adeo non jam est generalis erga ceteras civitates earumque membra, ut contra eis quasi voluntas quædam peculiaris et individua fiat, quæ suam justitiæ normam ex natura trahat; quod quoque ex principio antea posito pendet; tunc enim magna civitas orbis terrarum fit corpus politicum cui semper voluntas generalis tanquam naturalis lex est, et cujus variæ civitates et gentes nihil aliud sunt nisi membra singularia (1).

Cives, in Civitate quadam complexi, sunt consortii participes, ergo socii, et alii ab aliis pendentes; ergo reguntur lege justitiæ, vel lege « status civilis. » At, ubi de extraneis agitur, cadit « status civilis », superest « status naturalis », (quod ipse

---

(1) « Il est important de remarquer que cette règle de justice, sûre par rapport à tous les *citoyens*, peut être fautive avec les *étrangers* : et la raison de ceci est évidente; c'est qu'alors la volonté de l'état, quoique *générale* par rapport à ses membres, ne l'est plus par rapport aux autres états et à leurs membres, mais devient pour eux une volonté *particulière* et individuelle, qui a sa règle de justice dans la loi de nature; ce qui rentre également dans le principe établi, car alors la grande ville du monde devient le corps politique dont la loi de nature est toujours la volonté générale, et dont les états et peuples divers ne sont que des membres individuels. »

amplius alias exposui), — nisi forsan, futuro ævo, omnes in orbe terrarum homines unam eamdemque Civitatem constituere possint.

Hæc sex aut septem capitula breviter contrahenda et commemoranda sunt.

Est Civitas « *organismum* », vel « *ens morale* », quod « *voluntate generali* » quadam impellitur, id est superiore sapientia quæ ad societatis « *bonum* » tendit et « *lege* » exprimitur.

Lex, fundamentum Civitatis, est « sublime institutum », « cælestis inspiratio »; et debet Individuus quisque gratissimo animo accipere *beneficia inæstimabilia* sibi a Civitate, *amantissima matre*, collata.

Quid autem hoc est, nisi certissima quædam doctrina, cui panegyricus additur?

Ergo, in Articulo « Economia politica » inscripto, continentur quum *gravissima et acutissima doctrina de Civitate*, tum *vividissimus pro Civitate panegyricus*.

CAPUT II

DE DISSERTATIONE QUÆ INSCRIBITUR « DISSERTATIO DE ORIGINE ET FUNDAMENTIS INÆQUALITATIS APUD HOMINES. ».

Hac dissertatione, in qua inchoata est doctrina de Humanitatis in orbe terrarum evolutione, Russeus *tres, non duas*, ut sæpius dictum est, in hac evolutione, ætates discernit.

§ 1.

APUD « ANTIQUAM » HUMANITATEM, CONSOCIATIONEM ESSE NULLAM.

Nulla erat educatio, nullus processus; incassum stirpes hominum multiplicabantur, et, cum quæque ætas semper ab eodem proficisceretur, sæcula in rudi priorum ætatum barbaria effluebant, et, quanquam jam vetus hominum genus erat, homo tamen semper tanquam puer erat (1).

His verbis satis constat in generis humani antiquissima condicione nihil infuisse quo Russeus se delectatum fateretur.

---

(1) « Il n'y avait ni éducation, *ni progrès*; les générations se multipliaient *inutilement*, et chacune partant toujours du même point, les siècles s'écoulaient dans toute *la grossièreté des premiers âges*, l'espèce était déjà vieille, et l'*homme restait toujours enfant* » (1ʳᵉ p.).

Russeo enim nihil aliud in antiquis sæculis homo fuisse videtur quam *animal* quodvis.

Hoc verbis apertis asserit :

Hæc fuit nascentis hominis condicio; hæc fuit vita animalis cujusdam primum meris sensibus traditi (1).

Russeus igitur vehementer optat ut homo, animalium natura tanquam solutus ac liberatus, ad *cultum* quemdam progrediatur et ascendat.

Itaque celeriter sæcula percurrit.

§ 2.

APUD « MEDIAM » HUMANITATEM, SANAM ESSE ET RECTAM CONSOCIATIONEM.

« Innumerabilia sæcula, teli instar, perlustro », exclamat Russeus, et nobis arma inventa, et instrumenta, et incipientes artes, et ignem repertum, et nascentem sermonem, et exorientes primas ideas et primos affectus quasi cursim ostendit.

Adsunt igitur ea quæ vocat « novam ingenii lucem » et « prima animi incrementa ».

« Jam omnia specie mutantur », aït Russeus : tum desinit vagum vitæ genus; tum instituitur stabilis et certa vivendi condicio; finguntur vitæ communis vincula; edicuntur præscripta et leges; fit homo *ethicus*.

Quam longe discessimus a præ-civili condicione, in qua homo animali persimilis erat! Neque enim

---

(1) « Telle fut la condition de l'homme naissant; telle fut la vie d'*un animal* borné d'abord aux pures sensations..... » (2ᵉ p.).

nisi per innumera sæcula huc homo ascendere potuit.

Ille autem novus rerum status quid est aliud quam mera ipsa, sine ulla adhuc depravatione, « Civilitas ».

Utinam in hoc evolutionis puncto Humanitas constitisset!

Hæc ætas, cum humanæ facultates crescentes æque distarent a segnitia priscorum temporum et a procaci nostra strenuitate, fuit verisimiliter ætas felicissima et maxime perennis.

Quo magis meditamur, eo magis nobis apparet hunc rerum statum... fuisse homini optimum (1).

Casu autem adverso quodam, aït Russeus, non potuit humanum genus in hac media ætate immorari, quæ æquo intervallo distaret cum ab animalis prisca stoliditate, tum ab hodierna « civilitatis » corruptione.

Dum homines rusticis suis casis contenti fuerunt... vixerunt liberi, sani, boni, et felices (2).

Sed, quam celeriter res in pejus verterunt!

---

(1) « ..... Ce période du développement des facultés humaines, tenant *un juste milieu* entre l'indolence de l'état primitif et la pétulante activité de notre amour-propre, dut être l'*époque la plus heureuse* et la plus durable.

« Plus on y réfléchit, plus on trouve que cet état était..... *le meilleur à l'homme.....* » (2ᵉ p.).

(2) « Tant que les hommes se contentèrent de leurs cabanes rustiques..... ils vécurent *libres, sains, bons et heureux.....* » (*Ibid.*).

§ 3.

APUD « HODIERNAM » HUMANITATEM, CONSOCIATIONEM ESSE DEPRAVATAM.

Privatum dominium constitutum fuit; labor factus est necessarius; et vastæ silvæ in amœnos campos mutatæ sunt, quos sudore hominum conspergi necesse fuit, et in quibus mox visa sunt servitium et miseria cum segetibus germinare et crescere (1).

Russeus addit :

Fabrica et agricultura duæ illæ artes fuerunt quæ inventæ magnam hanc rerum mutationem effecerunt (2).

Eæ sunt, apud Russeum, tres præcipuæ, in humani generis evolutione, ætates :
1° Præ-civilis Humanitas, quasi par animalibus ;
2° Civilis Humanitas ;
3° Post-civilis, vel depravata Humanitas.

Hanc rerum in *tres* partes distributionem perpendere placet.

Anceps videtur Russeus cum tempus definit ex quo res in deterius versari cœperunt.

Sæpius in scriptis collaudat Spartam et Romam, in quarum civili ordine arbitratur viguisse et quasi spirasse verum, justum, denique bonum.

In hac vero Dissertatione, de temporibus multo prioribus disserit. Agitur enim de illa antiqua ætate

---

(1 « ..... La *propriété* s'introduisit, le *travail* devint nécessaire, et les vastes forêts se changèrent en des campagnes riantes qu'il fallut arroser de la sueur des hommes, et dans lesquelles on vit bientôt l'*esclavage* et la *misère* germer et croître avec les moissons » (2° p.).

(2) « La métallurgie et l'agriculture furent les deux arts dont l'invention produisit cette grande révolution » (*Ibid.*).

in qua nondum *agrorum cultura* exercebatur, ex qua oritur soli repartitio inter certos possessores; unde Russeo omnia mala generata esse videntur.

In his opinionibus apparet manifesto Russeum paulum dubitasse.

Animadvertendum tamen est nostræ thesis minime referre utrum Russeus maturius an posterius vitiatam esse Civitatem asseveret.

Nam, sive temporibus remotioribus sive recentioribus res corrumpi cœperunt, fuit quondam, utique, ex Russei sententia, ætas in qua res *floruerunt*, priusquam *putrescerent*.

Patetiunt igitur, in historia humani generis, duo in contraria processus, quorum altero *ascensum est*, altero *descenditur*.

Tres denique, non *duo*, in rerum vicissitudine, status secernendi sunt :

1° Status *animalis*, si hoc verbo uti licet ;
2° Status *civilis*, — *sanus* ;
3° Status *civilis*, — *vitiatus*.

Hunc novissimum consociationis habitum odit Russeus; medium contra rerum statum collaudat; aspernatur autem vetustam generis humani figuram.

Hoc acutissime disponit *P. Janet*, ut consequitur e commentario quodam, in libro de Ethica :

« Rousseau lui-même, d'ailleurs, n'a jamais présenté, quoi qu'on en ait dit, l'état de nature comme l'état le plus heureux pour l'homme.

« Ce qu'il préfère de beaucoup, c'est un état mixte, intermédiaire entre l'état de nature et l'état civilisé, lorsque les premiers arts ont déjà été inventés, avant que les vices de la civilisation ne se soient développés : c'est en un mot un état tout à fait semblable à celui des Indiens de la Guyane, décrit par Malouet (1) ».

Russeus igitur non dicendus est Misopolis, sed Philopolis.

---

(1) Paul Janet, *La Morale*, p. 418, note 1.

CAPUT III

DE OPERE QUOD INSCRIBITUR « CONTRACTUS CIVILIS ».

De illo insigni Russei scripto jam nobis disserendum est.

In quattuor libros distribuit auctor hoc opus, quorum in primo continentur capita novem, in secundo duodecim, in tertio duodeviginti, in quarto rursus novem.

In primo libro disputatur præsertim de *pacto*, publicæ rei fundamento; in secundo, de *lege*. De his tantum libris nunc agitur.

Hoc mihi demonstrandum est Russeum Civitati non repugnare (Misopolis), sed favere (Philopolis), — idque non tantum doctrina quadam esoterica (scilicet in Genavensi Codice), sed etiam, et fere apertius, exoterica doctrina, quam in vulgato de « Contractu civili » opere professus est.

Mirum etiam mihi videtur ullum interpretem in hoc errare potuisse.

Cujus haud levis erroris duo tantum causas video :

1° Vehementissimis ambarum de Civitate *corrupta* dissertationum argumentationibus præoccultata fuit ea *sanæ* et justæ Civitatis collaudatio quæ in opere de « Contractu civili » explicatur.

2° In ipso opere de « Contractu civili », non primus fortasse aut secundus liber præcipue eminuit, sed tertius et quartus, — quorum in altero agitur maxime de hac controversa quæstione, scilicet, de *reipublicæ forma* ; in altero, de flagrantissima quæstione, scilicet, de *religionibus*.

Quidquid id est, apertissime in primo et secundo libro hujus de « Contractu civili » operis, Russeus profitetur *consociationem Individuo beneficium esse inæstimabile*.

Hoc apparet in novem aut decem capitibus, exempli gratia, Libri primi in capitibus 6, 7, 8; Libri secundi in capitibus 1, 3, 4, 5, 6, 7, — e quibus circiter triginta fragmenta in lucem proferemus, quasi imperiosissima vi conspirantia.

§ 1.

NECESSE ESSE HOMINEM E « SOLITUDINE INITIALI » EGREDI.

Fingamus homines eo provectos ubi ea quæ in naturæ statu eorum saluti obstant atque nocent iis validiora sint viribus quibus Individuus quisque uti potest ut se in hoc statu conservet.

Tunc prisca illa condicio manere non potest; et periret humanum genus, nisi suam vivendi rationem mutaret (1).

---

(1) « Je suppose les hommes parvenus à ce point où les obstacles qui nuisent à leur conservation dans *l'état de nature* l'emportent par leur résistance sur les forces que chaque individu peut employer pour se maintenir dans cet état.

« Alors cet *état primitif* ne peut plus subsister; et *le genre humain périraient s'il changeait sa manière d'être* » (I, 6).

Ergo, ex illa conditione quæ quasi solitudo dici potest ad consociationem humanum genus transgreditur.

Atqui, quum homines non novas vires creare possint, sed tantum vires colligere et dirigere quæ antea erant, nullam jam rationem habent qua se conservent, nisi si, per coagmentationem, summam quamdam virium forment quæ viribus repugnantibus præstare possint, et unico impulsu hanc summam virium ita moveant ut omnes simul et una agant (1).

Verbum unum notabo, e quo non levis error oritur. Fortasse Russeus non reipsa errat. Sed, dum hoc verbo utitur, se ostendit quasi dubitantem et parum in doctrina sua confirmatum.

Verbum illud, de quo loquor, est vocabulum hoc, « summa ».

Si adstricte hoc vocabulum acciperetur, nobis necesse esset credere consociationem non novarum virium genetricem esse, sed tantum vires antea comparatas glomerare posse.

Hoc autem plane falsum est. Nam Civitas quædam plus est quam « summa » Individuorum ex quibus constat. Non mera « summa » est consociatio, sed incrementum. Si nobis mathematicorum vocabulis uti conceditur, non sunt in consociatione cives quasi quantitates aliæ aliis *additæ*, sed aliæ aliis *multiplicatæ*.

Haud aliter revera sentit Russeus; errat tan-

---

(1) « Or, comme les hommes ne peuvent engendrer de nouvelles forces, mais seulement unir et diriger celles qui existent, ils n'ont plus d'autre moyen pour se conserver que de former par agrégation une somme de forces qui puisse l'emporter sur la résistance, de les mettre en jeu par un seul mobile, et de les faire agir de concert » (I, 6).

tum dum hoc utitur verbo. Quod erratum, in hac permagni momenti re, notandum erat.

§ 2.

DE FORMATIONE CONSOCIATIONIS ILLIUS QUÆ « CORPUS MORALE » VEL « PERSONA PUBLICA » DICI POTEST.

Postquam pactum illud perpetratum fuit (fictum quidem, non reipsa verum), quid ex pacto oritur?

Statim, ex illa consociatione oritur, pro privata cujusque pactoris persona, corpus quoddam morale et collectivum, et ex tot membris constitutum quot voces in conventu numerantur : quod quidem, ex eadem consociatione, suam communem personam accipit et vitam et voluntatem.

Hæc publica persona quæ ex omnium conjunctione constat, ut olim vocabatur civitas, ita nunc nominatur respublica, aut corpus politicum, quod a membris suis appellatur « status », quum passivum est, « dominus », quum activum, « potestas », quoties cum similibus suis comparatur (1).

« Corpus morale « persona publica », « *moi commun* » : num talibus vocabulis mera continetur notio juxtapositarum rerum et coacervatarum ?

« Persona » quantum differt a « summa »!

Fortasse autem nobis objicietur, hic, de persona ficta agi, « persona morali », non de vera.

---

(1) « A l'instant, au lieu de la personne particulière de chaque contractant, cet acte d'association produit un *corps moral* et collectif, composé d'autant de membres que l'assemblée a de voix ; lequel reçoit de ce même acte, son *moi commun*, sa vie et sa volonté.

« Cette *personne publique*, qui se forme ainsi par l'union de toutes les autres, prenait autrefois le nom de cité, et prend maintenant celui de république ou de *corps politique*, lequel est appelé par ses membres état quand il est passif, souverain quand il est actif, puissance en le comparant à ses semblables..... » (I, 6).

Quo objecto, anxii certe hæreremus, nisi recentius instituta fuisset scientia illa quæ « biologia » vocatur.

Sed apud hos qui scientiam hanc colunt, et qui *doctrinam de cellulis* instruxerunt, didicimus vel parum vel etiam minime differre « personam moralem » a « persona physica ».

Quid est enim « persona physica » nisi consociatio Individuorum omnino innumerabilium (id est, cellularum, aut infimorum animalculorum), *multitudo* quædam coordinata, et, ut ita dicam, coacta in unum caput, in unum cerebrum, vel « commune ens », in quo et per quod se *unam* esse sentiat?

Hæc est persona physica.

Porro, innumerabilis rursus multitudo personarum physicarum ita consociari potest et cogi in nescio quid « ens commune et unum », ut ea instituatur quam vocamus « *personam moralem* ».

Nunc autem, nonne satis patet personam physicam, id est multitudinem in unum constructam et coactam, esse quodam modo personam moralem *perfectam*? Rursus, personam moralem esse personam physicam *inchoatam*?

Procul dubio non prorsus assimilandum est corpus physicum corpori civili. Et alibi designavi ipse quo pacto alterum alteri simile sit, alterum ab altero differat. Sed, quidquid id est, ambo plura habent communia.

Hæc præsertim difficultas plerisque insuperabilis videtur, scilicet quomodo *plures* se *unum* sentire possint.

Sive ad Logicam, sive ad Physicam respicimus,

hæc antinomia inenodabilis est, immo « contradictoria », vel absurda. Num vero ea attinet aut ad Logicam, aut ad Physicam ? Minime.

Psychologica est quæstio. Tunc evanescit difficultas. Tunc enim unitas *mero consensu conspirantium* Individuorum efficitur. Cur enim mille Individui, physica et logica et arithmetica supputatione distincti, non una et simul sentirent, atque eisdem gaudiis et doloribus, eisdem appetitionibus et odiis quasi commoverentur?

In Individuis, physice distinctis, arithmetice secretis, potest inesse *moralis unanimitas*.

Illud sibi ipse objecit Russeus, quomodo *plures* se *unum* sentire possint. Cui objectioni parum apte sæpius respondit. Hoc enim commentarium, in libro qui « Æmilius » inscribitur, invenias :

> Si quisque elementicius atomus est ens quoddam sentiens, quomodo intelligetur hæc intima communicatio qua alterum in altero sentit, ita ut utriusque conscientiæ in unam confundantur 1 ?

Hoc miraculum Russeus parum quidem intelligere videtur ; sed miraculum quoddam esse sibimet ipsi fatendum est.

Quasi igitur inscius et invitus, e doctrina quæ « *nominaliste* » dicitur ad doctrinam quam « *réaliste* » vocamus paulatim progreditur Russeus.

Hanc « intimam communicationem qua alius apud alium sentit » Russeus, velit nolit, non potest non fateri :

---

(1) « Si chaque atome élémentaire est un être sensitif, comment concevrai-je cette intime communication par laquelle l'un sent dans l'autre, en sorte que leurs *deux* moi se confondent en *un* ? » (IV).

Ubi ea multitudo sic in corpus unum coacta est, nullum ejus membrum lædi potest, quin corpus ipsum offendatur, neque vulnerari, quin membra condoleant (1).

Sine dubio agitur hic de « vitali repercussione » quadam. Et antiqua illa similitudo, quam de corpore et membris ediderunt Plato, Paulus Apostolus, Shaksperius, etc., non figurate jamjam, sed proprie, accipienda est.

§ 3.

« OFFICIUM » ET « UTILITATEM » CONSENTIRE.

Sic et officio et commodo æque ambo pactores obligantur ut se invicem adjuvent (2).

Est brevis sententia illa, sed non minus gravis quam brevis. Hic enim de præcipua difficultate, in Ethica, agitur : utrum « officium » et « utilitas » consentiant, necne ; — quæ quidem vulgus putat non consentire; Russeus, contra, consentire.

Hic tantum historice dissero. Sed alias, in didascalico quodam scripto, demonstrare tentavi ethicam quæstionem semper inexplicabilem necessario fore, donec ethici philosophi assumpserint doctrinam quam « bio-sociologicam » appellamus. Sola enim hac doctrina, de Civitate « organismo » assimilanda, stabiliter Ethica scientia institui potest.

---

(1) « Sitôt que cette multitude est ainsi réunie en un *corps*, on ne peut offenser un des *membres* sans attaquer le corps, encore moins offenser le *corps* sans que les *membres* s'en ressentent..... » (I, 7).

(2) « Ainsi le devoir et l'intérêt obligent également les deux parties contractantes à s'entr'aider mutuellement..... » (I, 7).

§ 4.

DE « PRIVATA VOLUNTATE » ET DE « GENERALI VOLUNTATE ».

A doctrina de generali voluntate, ut vidimus, pendet tota Russei politica philosophia. Et nobis evolventibus Articulum qui inscribitur « Economia politica » patuit hanc *voluntatem publicam* nihil aliud esse nisi *vocem rationis* in « cupiditatum silentio » auditam, vel *utilitatis veræ* vocem mendacis utilitatis voci oppositam.

Hic transcribenda est pagina huic doctrinæ aptissime congruens :

Quisque Individuus, utpote homo, voluntatem quamdam privatam habere potest, quæ adversa sit aut aliena ab illa voluntate generali quam utpote civis habeat....

Ei privatum commodum potest non eadem suadere quam commune commodum....

Dum absolutus vivit et natura ab aliis nullo modo pendet, ad id adduci potest ut ea quæ causæ communi debeat tanquam gratuitum quoddam tributum consideret, quod, amissum, ceteris minus noxium quam, solutum, sibi grave futurum sit....

Et cum personam moralem qua civitas constituitur tanquam fictitium ens habeat, quod ea homo non sit..., tum civis juribus fruatur, neglectis subjecti officiis; qua injuria accrescente mox corpus politicum in ruinam collapsurum sit (1).

---

(1) « ..... Chaque individu peut, comme *homme*, avoir une *volonté particulière* contraire ou dissemblable à la *volonté générale* qu'il a comme *citoyen*.....

« Son *intérêt particulier* peut lui parler tout autrement que l'*intérêt commun*.....

« Son *existence absolue et naturellement indépendante* peut lui faire envisager ce qu'il doit à *la cause commune*..... comme une contribu-

Non igitur « privata voluntas » et « generalis voluntas » sunt contraria verba, sicut « unus » et « plures ». Apud eumdem Individuum ambæ illæ voluntates simul exsistunt, — cum « *subditum* », tum « *civem* », — id est, cum *cupidinibus* obcæcatum et *mendaci* utilitate deceptum, tum *ratione*, ut ita dicam, illuminatum et *veræ* suæ utilitatis conscium.

Temere tantum Russeus « hominem » nominavit Individuum adhuc sejunctum et solutum, id est, nondum cum aliis consociatum. Non tamen ignorat Russeus Individuum præ-civilem non « hominem » esse, sed nihil aliud adhuc nisi quasi « animal » quoddam, figura tantum « hominem », aut, ut dicitur in biologica scientia, quemdam « anthropoïde ».

Si verbis propriis utendum est, hic adest Individuus quidam, ab aliis *solutus*, vel *animal*, vel « *anthropoïde* »; illic, Individuus, aliis *connexus*, vel *civis*, vel vere « *homo* ».

Optime ceteroquin Russeus notavit ratiocinationem hujus qui, in aliqua re, consociationis et legum vim eludit : « Id quod mala fide mihi arripio mihi certe permagnum, consociationi vero non tanti est ! »

Sic fœderis *onera* repudiat, dum *beneficia* retinet.

---

tion gratuite, dont la perte sera moins nuisible aux autres, que le payement n'en est onéreux pour lui.....

« Et regardant la *personne morale* qui constitue l'Etat comme un *être de raison*, parce que ce n'est pas un *homme*....., il jouirait des droits du *citoyen* sans vouloir remplir les devoirs du *sujet*; injustice dont le progrès causerait la ruine du corps politique » (I, 7).

Ita pactum civile dissolvitur.

Cujus candidæ iniquitatis Russeus causam *psychicam* optime dispexit : intellexit enim Civitatem Individuo nihil esse aliud quam *abstractum aliquid*, « personam *moralem* », « *fictitium* ens ».

Ægre enim intelligitur personam physicam (corpus physicum) simul esse personam moralem (corpus morale); rursus, personam moralem simul esse personam physicam.

Ægre intelligitur Individuum esse quasi Civitatem, Civitatem rursus quasi Individuum.

Ægre denique ascenditur ex notione quam « *nominaliste* » dicimus ad notionem quæ « *réaliste* » dicenda est.

Hæc autem difficultas unde oritur, nisi ex eo quod plerique has duas hodiernas disciplinas ignorant quas Biologiam et Sociologiam appellamus?

§ 5.

QUOMODO ETHICE ORIATUR.

In octavo capite libri primi verba significantissima proferuntur.

Cum ita e naturali statu in civilem statum transit, insigniter mutatur homo... dum in ejus vitæ consuetudine jus impulsioni substituitur, et res gestæ, nullo modo morales antea, nunc morales fiunt.

Tunc solum, cum vox officii physicæ impulsioni succedat et jus appetitioni, homo, qui adhuc se ipsum solum consideraverat, secundum alia principia vivere cogitur, et rationem interrogare, priusquam impulsionibus suis indulgeat (1).

---

(1) « Ce passage de l'*état de nature* à l'*état civil* produit dans l'homme

Hic quinque formulas habemus quæ aliæ aliis æque substitui possunt :

1° e « statu *naturali* » ad « statum *civilem* » transitur ;

2° e « *passionis* » dominatione ad dominationem *rationis* ;

3° e *sui* unica reverentia ad *ceterorum* reverentiam ;

4° ex instinctu ad justitiam, vel e physica impulsione ad officii vocem (« *impératif* »), vel ex *appetitione* ad *jus* ;

5° ex *in-ethico* habitu ad *ethicum* habitum.

In summa, hæc est generis humani quasi ascensio ad Ethicam.

§ 6.

UNDE GIGNANTUR « FACULTATES MORALES »,
VEL PSYCHICÆ.

Alias hoc demonstrare tentavimus, scilicet ex consociatione, id est, ex justitia, consociationis fundamento, vel ex Ethica, nasci et paulatim increscere has facultates quas « *esprit* » et « *cœur* » gallice vocamus ; et sic in *physico corpore* excitari *moralem vim* ; et in bestia vel in mero « ANIMANTE » suscitari « ANIMUM ».

---

un changement très remarquable..... en substituant dans sa conduite la *justice* à l'*instinct*..... et donnant à ses actions la *moralité* qui leur manquait auparavant.

« C'est alors seulement que la *voix du devoir* succédant à l'*impulsion physique*, et le *droit* à l'*appétit*, l'homme, qui jusque-là n'avait regardé *que lui-même*, se voit forcé d'agir sur *d'autres principes*, et de consulter sa *raison* avant d'écouter ses *penchants* » (I, 8).

Hoc autem Russeus conjectura assecutus est :

Quanquam illo in statu multis quidem commodis quæ ex natura accepit se abstinet, tanta rursus alia sibi comparat, tantumque ejus facultates exercentur et crescunt, et ejus intellectus dilatatur, et affectus nitescunt, et totus animus extollitur, ut... (1).

Ergo, « status civilis », vel consociatio aut Civitas, id est, justitia aut Ethica (*la morale*) hoc quod dicimus psychicum (*le moral*) gignit.

Atque *Ethica* est quasi *psycho-genesis*.

Ethica psychologiam *antecedit* utpote humanam.

§ 7.

QUOMODO ANIMAL ILLUD QUOD DICITUR HIC « ANTHROPOÏDE » IN HOMINEM VERTATUR.

Consociatione non opes tantum « *œconomicæ* » procreantur, sed etiam « *psychicæ* ».

Quod Russeus bene vidit et *eo aperte lætatus est:*

Homini semper collaudandum esset felix illud temporis momentum quo ab illa (prisca condicione) in perpetuum abstractus fuit, atque ex stolido et hebete animali ens intelligens factus est et vere homo (2).

Dilucide igitur loquitur Russeus, quippe qui

---

(1) « Quoi qu'il se prive dans cet état de plusieurs avantages qu'il tient de la nature, *il en regagne de si grands, ses facultés s'exercent et se développent, ses idées s'étendent, ses sentiments s'ennoblissent, son âme toute entière s'élève à tel point, que.....* » (I, 8).

(2) « ..... (L'homme) devrait bénir sans cesse l'instant heureux l'en arracha pour jamais (de sa condition primitive), et qui, d'un ANIMAL *stupide et borné*, fit un *être intelligent* et un HOMME..... » (*Ibid.*).

fateatur Individuum, si consocietur, EX ANIMALI FIERI HOMINEM.

« Animali » et « homine », his propriis utitur vocibus!

Ut igitur in illo toto libri primi capite octavo Russei nostri ingenium *splendet*, ita in illa suprema sententia quodam modo *fulgurat*.

§ 8.

A NEMINE PENDERE (IN-DÉ-PENDANCE) SERVITU-DINEM ESSE; AB ALIIS ALIOS PENDERE (INTER-DÉ-PENDANCE) ESSE LIBERTATEM.

Confirmandum nunc est quod est supra demonstratum.

Sociali commercio, homo libertatem naturalem amittit atque jus infinitum in omnia ea quæ tentat et attingere potest....
At simul libertatem civilem acquirit et legitimam suarum rerum possessionem (1).

In hoc Russeus commoratur:

Discernenda certe est libertas naturalis, quæ tantum cujusque Individui viribus definita est, e libertate civili quæ generali voluntate est circumscripta; itemque mera hæc possessio quæ tantum procedit e vi aut e primi invasoris jure, discernenda est ex illa legitima possessione, quæ tantum e certo quodam instrumento pendet (2).

---

(1) « Ce que l'homme perd par le contact social, c'est sa *liberté naturelle* et un droit illimité à tout ce qu'il tente et qu'il peut atteindre.....
« Ce qu'il gagne, c'est la *liberté civile* et la propriété de tout ce qu'il possède » (I, 8).
(2) « Il faut bien distinguer la *liberté naturelle*, qui n'a pour bornes que les forces de l'individu, de la *liberté civile*, qui est limitée par la

Omittamus « possessionem », et de « libertate » tantum disputemus.

Acuta admodum occurrit apud Russeum hæc sententia :

> Etiam inter civilis status beneficia annumerari potest libertas moralis, qua sola homo fit sui compos.
>
> Quicumque enim mera appetitione impellitur, ille servus est; quicumque legi paret quam sibi præscripsit, ille contra est liber (1).

Res duæ hic discernendæ sunt :
1° De mei cum ceteris commercio ;
2° De mei mecum commercio.

Individuus, quamdiu vivit segregatus ab aliis, a nemine pendet (in-dé-pendance), sed *appetitionibus* suis inservit; unde apparet eum simul « *independentem* » esse et « *servum* ».

At contra, cum Individui consociatam vitam degere assueverunt, alii ab aliis pendent omnes (inter-dé-pendance), sed nihil nisi *ratione* docti efficiunt; unde apparet eos simul « *interdependentes* » esse et « *liberos* ».

---

volonté générale; et la *possession* qui n'est que l'effet de la force ou le droit du premier occupant, de la *propriété*, qui ne peut être fondée que sur un titre positif..... » (I, 8).

(1) « On pourrait ajouter à l'acquit de l'état civil la liberté morale, qui seule rend l'homme vraiment maître de lui.....

« ..... Car *l'impulsion du seul appétit est esclavage, et l'obéissance à la loi qu'on s'est prescrite est liberté* » (*Ibid.*).

§ 9.

DE MAGNA INDIVIDUI TRANSFIGURATIONE.

Synopticum indicem priorem restituere liceat :

1° Status naturalis. . . .	status civilis.
2° Impetus.	ratio.
3° Ego.	ceteri.
4° Instinctus.	justitia.
vel physica impulsio. . .	vel vox officii.
vel appetitio.	vel jus.
5° *In-ethicus mos*.	*mos ethicus.*

Cui priori synoptico indici hunc posteriorem addemus :

1° Stultitia.	intellectus.
2° ig-nobilitas.	nobilitas.
3° In-de-pendens mos . .	inter-de-pendens mos.
4° E « passione » servitus.	e « ratione » libertas.
5° *animalis natura*. . .	*natura humana.*

Nonne ex hoc duplice indice satis clare patet genus humanum absolute transfiguratum esse?

§ 10.

DE « NISI » QUODAM, IN ARGUMENTATIONE RUSSEI, NOBIS IN MEMORIAM INFIGENDO.

Est autem, in Russei ratiocinatione, quoddam « nisi » quod adhuc a nobis omissum est, nunc vero restituendum.

Nisi, dum illa nova condicione abutitur, ita deprimeretur ut interdum infra priscam condicionem jaceret, ei certe collaudandum esset.... (1).

Hoc uno verbo « nisi », philosophia Russei tota et totum opus explicantur.

« Civilitas » quam mira res est! Sed ut dixit scriptor vetus : « Necessariis orsa primo, cuncta perveniunt *ad nimium*. » Etenim apud homines consociatos subrepit *corruptela* malæ consuetudinis ingens, qua *immodestia* laborat civitas.

Hoc « *abusu* » e sanis moribus in vitiatos Civitas labitur.

Inde Russeus non jam admiratur et « benedicit », sed exsecratur et « maledicit ».

Optimi corruptio.... pessima!

Quantum autem damnum! « *Nisi....* »!

Quid igitur fit Russei in Civitatem celeberrimum odium? Nihil nisi amor immensurabilis.

Qui falsos deos odit, veros diligit.

---

(1) « ..... Si les *abus* de cette *nouvelle* condition ne le dégradaient souvent au-dessous de celle *dont il est sorti*, il devrait bénir..... etc. » I, 8).

Sic Russeus rectæ et sanæ Civitati favet, quippe qui a depravata abhorreat.

Ut diximus, tota generis humani evolutio non in *duas*, sed in *tres* ætates dividenda est :

1° Segregatio, unde stoliditas et bestialitas oriuntur;

2° Recta consociatio, unde virtus et felicitas;

3° Depravata consociatio, unde vitium et infelicitas.

Quarum primam Russeus aspernatur, extremam odit, mediam autem diligit vehementer.

Atque utinam tandem patescat quod de Civitate vere sensit philosophus noster!

§ 11.

DE COMMUNI UTILITATE.

Unum hoc revera in Ethica disputatur, utrum consentiant Individuorum privatæ utilitates, necne.

In hac maximi momenti quæstione, Russeus dubitavit, cum privatas utilitates modo credat inter se repugnare, modo, nisi ex toto, saltem ex parte, conspirare.

Libro secundo, primi capitis initio, in utilitatum consensum inclinat :

> Ex principiis supra positis hoc primum et præcipuum sequitur, ut sola voluntate generali vires reipublicæ dirigi possint ad finem illius instituti, scilicet ad bonum commune.... Nam, ut civitates constitui ideo necesse fuit quod privata commoda alia ab aliis abhorrerent, ita eædem ideo constitui potuerunt, quia eadem commoda consentiunt.
>
> Ex eo quod inter ea varia commoda commune est fit vinculum

sociale; et nisi foret aliquid in quo consentirent omnia ea commoda, nulla esse posset consociatio. Porro unice ex eo communi commodo civitas regenda est (1).

§ 12.

VELLE ET SCIRE.

His verbis adducimur ut eam, quæ apud J.-J. Russeum gravissima est, de *lectissimis civibus*, vel de *optimatibus*, doctrinam consideremus.

Inde sequitur voluntatem generalem semper rectam esse, et semper ad publicam utilitatem tendere....
Non autem sequitur populi deliberationes semper eodem modo rectas esse.
Ut quisque semper suum bonum appetit, ita non semper videt....
Nunquam populus corrumpitur, sed sæpe fallitur; tunc tantum ea velle videtur quæ mala sunt (2).

Inde ad *sapientes* respicit, ut ab iis *insipientes* regantur. Russeus ille igitur (quod perspicue viderunt

---

(1) « La première et la plus importante conséquence des principes ci-devant établis est que la volonté générale peut seule, diriger les forces de l'état selon la fin de son institution qui est le bien commun..... Car si l'opposition des intérêts particuliers à rendu nécessaire l'établissement des sociétés, c'est l'accord de ces mêmes intérêts qui l'a rendu possible.

« *C'est ce qu'il y a de commun dans ces différents intérêts qui forme le lien social; et s'il n'y avait pas quelque point dans lequel tous les intérêts s'accordent, nulle société ne saurait exister. Or c'est uniquement sur cet intérêt commun que la société doit être gouvernée* » (II, 1).

(2) « Il s'ensuit de ce qui précède, que la volonté générale est toujours droite et tend toujours à l'utilité publique.....

« Mais il ne s'ensuit pas que les délibérations du peuple aient toujours la même rectitude.

« *On veut toujours son bien mais on le* VOIT PAS TOUJOURS.....

« Jamais on ne corrompt le peuple, mais souvent on le trompe, et c'est alors seulement qu'il paraît vouloir ce qui est mal. » (II, 3).

Gambetta noster, ut perhibent, et, egregius apud Britannos civilis vir, *J. Morley*), quem plerique contenderunt omnia jura æquare voluisse, et qui sæpius *exæquationis* auctor dictus est, *inæqualitati* contra revera favit : unde dici potest ἀριστοκρατικὸς vel potius, si hoc verbum fingere liceat, ἀριστόφιλος, — quod satis superque confirmatum infra habebimus.

§ 13.

VOLUNTATEM « GENERALEM » NON ESSE VOLUNTATEM « OMNIUM ».

Russeus illam « voluntatem generalem », id est, communem voluntatem explicare tentat, quæ, in civili scientia, tanti momenti est :

Magnopere distat sæpe omnium voluntas a generali voluntate....

Hæc enim tantum ad commune commodum tendit, illa autem ad privatam utilitatem, neque quidquam aliud est nisi summa quædam privatarum voluntatum (1).

Hoc vocabulum « summa » omnino ad rem pertinet, cum ita significetur « voluntatem generalem » minime ex voluntatibus individuis constare utpote collectis et conglomeratis et, si dicere liceat, *consummatis*, sed nescio quid, ut ita dicam, eximium esse, et quasi ex voluntatibus individuis *expressum*.

---

(1) « Il y a souvent bien de la différence entre la *volonté de tous* et la *volonté générale*.....

« Celle-ci ne regarde qu'à *l'intérêt commun*; l'autre regarde à *l'intérêt privé*, et n'est qu'une *somme* de volontés particulières..... » (II, 3).

§ 14.

OMNES PRIVATAS UTILITATES IN UNAM CONSENTIRE.

Ecce autem de privatarum utilitatum consensu dilucida quædam sententia, qua nihil explicatius inveniri potest :

> Hæc quidem conventa quibus cum sociali corpore juncti sumus, ideo tantum nos obligant quia sunt mutua... eaque ejus naturæ sunt ut nemo, dum ea servat, ceteris hominibus studere possit quin simul et sibi ipsi studeat (1).

§ 15.

« MAJORI » SUFFRAGIORUM NUMERO PARTI NON SEMPER « JUS » INESSE.

Ætate nostra, hoc unum ad regendam rempublicam valere dicitur, scilicet *numerare* suffragia.

Hæc autem norma huic insigni « gallicæ revolutionis » fautori, Russeo, minime placuit, cum potius censuerit suffragia esse *ponderanda* quam *numeranda*.

Res enim quanti ponderis sint, ut in historia naturali, secundum *Jussieu*, ita in civili scientia, secundum *Carlyle*, est quærendum. Id demum *ius* est.

---

(1) « Les engagements qui nous lient au corps social ne sont obligatoires que parce qu'ils sont mutuels..... et leur nature est telle qu'en les remplissant, *on ne peut travailler pour autrui sans travailler aussi pour soi* » (II, 4).

Russeus dilucide dixit :

Generalis fit voluntas non e suffragiorum numero, sed potius e communi suffragatorum commodo (1).

Atqui « publica utilitas » utilitas est *intima*, non externa; *stabilis*, non fluxa; — *vera*, non falsa.

Unde apparet « voluntatem *generalem* » constare ex *qualitate* suffragiorum, non ex *quantitate*, ex *ratione*, non ex *annumeratione*.

§ 16.

JUSTITIAM ET UTILITATEM CONSENTIRE.

Russeus interdum, ut vidimus, non dubitanter contendit omnes privatas utilitates in unam consentire; quod quidem cum pronuntiet, sequitur ut dicat justitiam et utilitatem consentire :

Mirabilis inter commodum et justitiam concordia... (2).

Sed alias hanc pronuntiationem explicavimus insignem, in qua, ut arbitror, Ethice tota nititur.

§ 17.

DE JURE « DOMINI » ET « CIVIUM ».

Si « contractus civilis » naturam et vim bene animo perceperimus, necessario vitæ legem supre-

---

(1) « ..... *Ce qui généralise la volonté est moins le nombre des voix que l'intérêt commun qui les unit.....* » (II, 4).

(2) « ...... *Accord admirable de l'intérêt et de la justice.....* » (II, 4).

mam eam esse recordabimur, cui, apud germanicos et gallicos recentiores philosophos, nomen est « auto-nomia » :

Ipsa fœderis natura, quoties dominus imperat, id est quoties generalis voluntas certissime agit, omnes æque cives vel officio vel favore tenentur....

Quid est igitur illud quo dominus imperat? Non superior cum inferiore paciscitur, sed corpus cum unoquoque membrorum suorum....

Dum cives talibus tantum conventionibus subjiciuntur, nemini obediunt nisi suæ propriæ voluntati.

Et si quis quærit quatenus pateant mutua jura domini et civium, quærit ille quatenus illi possint secum obligari, quisque erga ceteros, ceteri erga quemque (1).

Intus in Individuo pugna est, — sive de ethica re agitur, sive de politica.

Persona enim quæque ex duabus voluntatibus constat, altera *inferiore*, altera *superiore*. Ergo, ut quisque, prout *rationis particeps*, sibi *imperat*, ita quisque, prout *rationis expers*, sibi *paret*.

Idem igitur Individuus, alterna vice, nisi omnino simul, « *civis* » et « *subjectus* », imperium usurpat et... accipit.

Hæc autem est « auto-nomia ».

---

(1) « Par la nature du pacte, tout acte de *souveraineté*, c'est-à-dire tout acte authentique de la *volonté générale*, oblige ou favorise également tous les citoyens.....

« Qu'est-ce donc proprement qu'un acte de souveraineté? Ce n'est pas *une convention du supérieur avec l'inférieur*, mais une convention du corps avec chacun de ses membres.....

« Tant que les sujets ne sont soumis qu'à de telles conventions, *ils n'obéissent à personne, mais seulement à leur propre volonté*.

« ... Et demander jusqu'où s'étendent les droits respectifs du souverain et des citoyens, c'est demander *jusqu'à quel point ceux-ci peuvent s'engager avec eux-mêmes*, chacun envers tous, et tous envers chacun d'eux » (II, 4).

§ 18.

DE CONSOCIATIONIS COMMODIS.

In libri primi octavo capite, ut vidimus, Russeus plane declarat humanum genus, cum a *segregata* ad *sociatam* vitam, tum ab *animantis* natura ad illam nostram quæ proprie dicitur *humana* ascendisse.

Quæ quidem sunt consociationis commoda.

Sed quanti empta? Non parvo pretio, quandoque aït Russeus.

Hoc autem in loco non jam dubitans ea etiam gratuita esse contendit.

In sociali contractu, privati adeo non commoda abdicant ut contra, ex ipso illo contractu, condicione reipsa meliore fruantur. Nihil enim alienarunt, sed res tantum utiliter commutarunt, quippe qui pro genere vitæ incerto et precario vitæ genus melius et tutius assumpserint; pro naturali licentia, libertatem; pro facultate ceteris nocendi, propriam suam securitatem; denique pro viribus non ab aliis insuperabilibus, jus quoddam quod per consociationem inexpugnabile factum est (1).

Quid multa? Humanum genus, quum a segregata ad sociatam, tum ab irrequieta et inope ad

---

(1) « Il est si faux que, dans le contrat social, il y ait de la part des particuliers aucune renonciation véritable, que leur situation, par l'effet de ce contrat, se trouve réellement *préférable* à ce qu'elle était auparavant, et qu'au lieu d'une aliénation, ils n'ont fait qu'un échange avantageux d'une manière d'être incertaine et précaire contre une autre meilleure et plus sûre, de l'indépendance naturelle contre la liberté, du pouvoir de nuire à autrui contre leur propre sûreté, et de leur force que d'autres pouvaient surmonter, contre un droit que l'union sociale rend invincible. » (II, 4).

securam et opulentam vitam progressum esse Russeus asseverat.

Num potuit *Misopolis* quidam ita censere?

§ 19.

DE MILITIA.

Adversus hæc multa quidem dici possunt.

Nonne enim sæpius a cive Civitas petit ut multarum rerum, *ipsius vitæ*, jacturam faciat?

Nonne recte militia tætrum *tributum de sanguine* dicitur?

Parvo labore Russeus contradicta dissolvit et quasi diluit.

Vita ipsa eorum, quam ipsi reipublicæ devoverunt, a republica assidue defenditur...
Cum autem ad rempublicam defendendam periculis se objectant, quid aliud quam illi ea restituunt quæ ab illa acceperunt?
Quid aliud, quam quod et sæpius et periculosius in naturæ statu facerent...?
Omnibus quidem pro patria, in tempore, pugnandum est; nulli vero unquam pro se pugnandum.
Nonne superest lucrum, cum pro illo tutore nostro partem tantummodo periculorum adimus, quæ omnia pro nobismet ipsis adire necesse esset, statim ut ille deesset? (1)

---

(1) « Leur vie même, qu'ils ont dévouée à l'état, en est continuellement protégée.....

« Et lorsqu'ils l'exposent pour sa défense, que font-ils alors que lui RENDRE ce qu'ils ont reçu de lui?

« *Que font-ils qu'ils ne fissent plus fréquemment et avec plus de dangers dans l'état de nature*.....

« Tous ont à combattre au besoin pour la patrie, il est vrai; mais aussi nul n'a jamais à combattre pour soi.

« *Ne gagne-t-on pas encore* a courir, pour ce qui fait notre sûreté, *une partie des risques* qu'il faudrait courir pour nous-mêmes sitôt qu'elle nous serait ôtée? » (II, 4).

Hoc est, ut aiunt, se ære alieno liberare, ære alieno exire, vel æs alienum persolvere (*payer sa dette.... à sa patrie*), — non dicam omnino, sed partim.

Ergo, qui militia fungitur, non *donum dat*, sed *debitum persolvit*.

Altera parte, quo jure respublica exigit ut civis se devoveat et vitam suæ patriæ et reipublicæ impendat? Unde respublica jus tantum sibi vindicat?

Russeus noster, etiam hic, optime respondet :

Quicumque suam vitam cum ceterorum detrimento servare vult, is, cum necesse est, suam pro illis vitam perdere debet.
Atqui civis non jam existimator est periculi quod lege imperante subiturus est..
Et cum ei princeps dixit : « Expedit reipublicæ te mori », mori ille debet; ea enim una sub condicione adhuc tutus vixit... neque solum naturæ beneficio vita illi jam datur, sed etiam condicionali quodam reipublicæ dono (1).

Quæ cum apte et sane dicta sint, multi contra philosophi, qui de re eadem disseruerunt, valde errant, et in dialecticæ captionibus versantur. Ita illum videmus, *J. M. Guyau*, virum egregium, immatura morte præreptum, qui de morali parte philosophiæ disputans, cavillatur invitus, et talia eloquitur (*Esquisse d'une morale sans obligation ni sanction*, III, 4, 2) :

---

(1) « ..... Qui veut conserver sa vie *aux dépens* des autres doit la donner aussi *pour lui* quand il faut.

« Or le citoyen n'est plus juge du péril auquel la loi veut qu'il s'expose.....

« Et quand le prince lui a dit : Il est expédient à l'état que tu meures, *il doit mourir, puisque ce n'est qu'à cette condition qu'il a vécu en sûreté jusqu'alors..... et que sa vie n'est plus seulement un bienfait de la nature,* mais un *don conditionnel de l'état.* » (II, 5).

Verisimiliter miles qui, glande ictus, in præsidio procumbit non summam voluptatum, ex conscientia officii expleti, percipit æquipollentem totius vitæ felicitati (1)....

Errore captus, philosophus noster *debitorem* in *creditorem* convertit : quo quidem errore, periclitatur sæpiusque perit patria.

§ 20.

DE PŒNA CAPITIS.

Iisdem principiis fretus, Russeus de pœna capitis disserit :

Eadem fere asseveranda sunt de pœna capitis qua scelesti afficiuntur...

Quisque, ne ab homicida necetur, mortem pati non recusat, si ipse homicida fit (2) ...

Quicumque societatis fœdus rupit, hic *hostis* jure habetur.

Quisque homo maleficus, dum jus sociale lædit, suis maleficiis fit seditiosus et proditor patriæ; cujus dum leges violat, non jam membrum est, atque etiam adversus eam belligerat.

Tunc non jam potest reipublicæ incolumitas cum ejus incolumitate coire; uni aut alteri pereundum est...

Et cum sceleratus ille interficitur, non jam civis interficitur, sed hostis.

Ex inquisitione et e judicio constat et declaratur eum fœdus sociale rescidisse, nec jam igitur civitatis membrum esse.

---

(1) « Il y a peu de chances pour qu'un soldat qui tombe frappé d'une balle aux avant-postes éprouve, dans le sentiment du devoir rempli, une somme de jouissance équivalente au bonheur d'une vie entière..... »

(2) « La peine de mort infligée aux criminels peut être envisagée à peu près sous le même point de vue..... » (II, 5).

« *C'est pour n'être pas la victime d'un assassin que l'on consent à mourir si on le devient.....* » (*Ibid.*).

Atqui, cum sese civitatis membrum professus sit, utpote qui saltem in ea sit commoratus, sequitur ut ex ea detrahendus sit sive exsilio, tanquam fœderis ruptor, sive morte, tanquam publicus hostis, namque ejusmodi hostis non persona moralis est, sed tantum homo : tum vero jure belli quilibet victus occiditur (1).

Servandæ igitur reipublicæ, quod alias demonstrare conati sumus, leges præsunt duæ :

1 *Jus* erga *cives* ;

2 *Vis* erga *hostes*.

Ut rigidus est Russeus et quasi ferreus adversus *publicum hostem*, ita placabilis tamen et lenis in *civem*, utpote *reipublicæ partem;* quam partem non exsecare debeat respublica, nisi ultima necessitate coacta.

Ceterum, cum supplicia multiplicantur, ex eo apparet aut infirmum aut segne imperium esse.

Nemo est malus qui in aliqua re bonus non fieri possit.

Hunc tantum jure interficias, vel ad exemplum, qui non sine periculo servari possit (2).

---

(1) « Tout malfaiteur, attaquant le droit social, devient par ses forfaits *rebelle et traître à la patrie*; il *cesse d'en être membre* en violant ses lois; et même il lui fait la *guerre*.

« Alors la conservation de l'état est incompatible avec la sienne il faut qu'un des deux périsse.....

«..... Et quand on fait mourir le coupable, c'est moins comme *citoyen* que comme *ennemi*.

« Les procédures, le jugement, sont les preuves et la déclarations qu'il a rompu le traité social, et par conséquent qu'il n'est plus membre de l'état.

« Or, comme il s'est reconnu tel, tout au moins par son séjour, il en doit être retranchée par l'*exil* comme *infracteur du pacte,* ou par la *mort* comme *ennemi public*; car un tel ennemi n'est pas une personne morale, c'est un homme, et c'est alors que le droit de la guerre est de tuer le vaincu ». (*ibid*).

(2) « Au reste, la fréquence des supplices est toujours un signe de faiblesse ou de paresse dans le gouvernement.

« IL N'Y A POINT DE MÉCHANT QU'ON NE PÛT RENDRE BON A QUELQUE CHOSE.

« On n'a droit de faire mourir, même pour l'exemple, que celui qu'on ne peut conserver sans danger ». (*ibid*).

§ 21.

DE RATIONIS EXPERTE ET QUASI CÆCA TURBA ; ET DE PRIMORIBUS IN CIVITATE.

Vidimus, ex Russeo, non numero suffragiorum « voluntatem generalem » declarari, cum ille voluntatem malit *rationabilem* quam, ut ita dicam, *innumerabilem*.

Quemadmodum igitur « *idea generalis* », vel *lex scientifica*, apud eos qui *de natura rerum* scripserunt, ita « *voluntas generalis* », vel *lex politica*, apud Russeum *de Civitate* scribentem, non phænomenorum VARIAM COPIAM, sed COMMUNEM ESSENTIAM exprimit.

Nil sunt proprie leges nisi civilis consociationis condiciones.
Populus, cum legibus subditus sit, earum auctor esse debet; eorum enim unice est qui consociantur, ferre condiciones consociationis (1)...

Inde plerisque placet *populum* esse legumlatorem, id est, *e numero* suffragiorum oriri legem.
Sed quod consequitur videamus :

Quomodo autem eas edicent et instituent? Consensune omnium et quasi subito instinctu? Estne in corpore politico organum quoddam quo ejus voluntates enuntientur? Quis ei eam providentiam præbebit quæ earum acta fingat et in antecessum promulget? Vel quomodo eas exprimet, ubi res postulabit?(2)...

---

(1) « Les lois ne sont proprement que les conditions de l'association civile.
« Le peuple, soumis aux lois, en doit être l'auteur : il n'appartient qu'à ceux qui s'associent de régler les conditions de la société .....»
II, 6).

(2) « Mais comment les régleront-ils? Sera-ce d'un commun accord,

Ventum est ad rei cardinem :

Quomodo multitudo cæca, quæ sepe nescit quid velit, quia raro discernit quid bonum sibi sit, ipsa sponte sua tam magnum et difficile opus perficeret, scilicet corpus quoddam legum? (1)...

Hic igitur iterum apparet *velle* non idem esse ac *scire*.

Velle enim non satis est, cum multi, fere omnes, *velint*, sed *nesciant* : unde oritur quæ dicitur « ἀριστοκρατεία » :

Suapte natura populus bonum semper vult, sed non suapte natura semper videt...
Voluntas semper recta est, sed judicium quo ea ducitur non semper intelligens...
Ei necesse est res ostendantur tales quales sunt, vel interdum tales quales ei apparere debent; et ei indicetur recta via quam quærit; et ab ea arceantur privatarum voluntatum illecebræ; et ante ejus oculos quasi conferantur tempora et loca; denique præsentia et sub sensus cadentia commoda malorum remotorum et latentium periculo compensentur.
Privati vident bonum quod respuunt; populus autem vult bonum quod non videt...
Huic igitur et illis pariter ducibus opus est.
Illi obligandi sunt ut voluntates suas rationi suæ accommodent...
Hæc educanda est ut cognoscat id quod velit.
Tunc e publica prudentia fit in corpore sociali intellectus et voluntatis concordia; unde quasi ad amussim partes inter se

---

par une inspiration subite? Le corps politique a-t-il *un organe* pour énoncer ses volontés? Qui lui donnera la prévoyance nécessaire pour en former les actes et les publier d'avance? ou comment les prononcera-t-il au moment du besoin?..... « (*ibid*).

(1) « Comment une *multitude aveugle*, qui souvent *ne sait ce qu'elle veut*, parce qu'elle *sait rarement ce qui lui est bon*, éxécuterait-elle d'elle-même une entreprise aussi grande, aussi difficile qu'un système de législation?..... » (*ibid*).

congruunt, et denique totum plurimum valet. Ex his necesse est legumlatorem quemdam esse (1).

Russeus igitur CÆCAM ESSE TURBAM asseverat, et illi OPUS ESSE DUCIBUS.

Quid amplius dicam ?

§ 22.

DE PUBLICA RATIONE (DE LA « RAISON D'ÉTAT »).

Sententiæ in hoc verbo subjectæ quanta vis inest ! Hic turba est, illic sunt primores. Hic, membra ; illic, caput. Hic, privati homines, et *privata ratio* ; illic, publici viri, et *ratio publica*.

Sapientes qui, ad vulgus suadendum, suo, non ejus sermone uti volunt, ab eo intelligi non possunt.

Multi autem « conceptus » non ii sunt qui vulgari sermone exprimi possint. Cogitationes generaliores et res remotiores pariter populi intelligentiam excedunt. Cum privatus quisque

---

(1) « De lui-même, le peuple *veut* toujours le bien, mais de lui-même il ne le *voit* pas toujours.....

« La volonté est *toujours droite*, mais le jugement qui la guide n'est *pas toujours éclairé*.....

« Il faut lui faire voir les objets tels qu'ils sont, quelquefois tels qu'ils doivent lui paraître, lui montrer le bon chemin qu'elle cherche, la garantir de la séduction des volontés particulières, rapprocher à ses yeux les lieux et les temps, balancer l'attrait des avantages présents et sensibles par le danger des maux éloignés et cachés.....

« Les particuliers voient le bien qu'ils rejettent; le public veut le bien qu'il ne voit pas.....

« *Tous ont également besoin de guides...*

« Il faut obliger les uns à *conformer leurs volontés à leur raison*.....

« ..... Il faut apprendre à l'autre à *connaître ce qu'il veut*.....

« Alors des lumières publiques résulte l'*union de l'entendement et de la volonté* dans le corps social; de là l'exact concours des parties, et enfin la plus grande force du tout.....

« Voilà d'où naît la nécessité d'un législateur. » (*ibid*).

hoc tantum politicum institutum probet quod ad suam privatam utilitatem pertineat, haud facile ea commoda percipit quæ accepturus est e continuis jacturis quas bonæ leges imponunt.

Ut nascens populus sana de republica præcepta probare et illam cujus fundamento respublica innititur normam sequi posset, necesse esset « effectum » in « causam » verti posse; atque socialem morem, qui ex ipso instituto oriturus sit, instituto ipsi præesse; atque homines, antequam leges factæ sunt, tales esse quales postea per leges futuri sint (1).

§ 23.

DE « DIVINIS REVELATIONIBUS ».

Quid sibi velit hæc vox « revelatio » haud immerito interrogas. Vox enim est ambigua. Sed quem sensum huic attribuam vocabulo dicam.

Hæc « sublimis ratio », qua præditi vigent primores, nonne dici potest ingenium, instincta mens, divinus vel ἔνθεος spiritus?

Intima res est « revelatio », non externa. Intus in *homine* vivit et loquitur *deus*, id est, in ratione cujuslibet hominis, et imprimis horum præcellentium virorum, quos vocamus primores.

---

(1) « Les *sages* qui veulent parler aux *vulgaire* leur langage au lieu du sien, n'en sauraient être entendus.

« Or, il y a mille sortes d'idées qu'il est impossible de traduire dans le langage du peuple. Les vues trop générales et les objets trop éloignés sont également hors de sa portée : chaque individu ne goûtant d'autre plan de gouvernement que celui qui se rapporte à son intérêt particulier, aperçoit difficilement les avantages qu'il doit retirer des privations continuelles qu'imposent les bonnes lois.

« Pour qu'un peuple naissant pût goûter de saines maximes de la politique et suivre les règles fondamentales de la *raison d'état*, il faudrait que l'effet pût devenir la cause; que l'*esprit social*, qui doit être l'ouvrage de l'institution, présidât à l'institution même, et *que les hommes fussent avant les lois ce qu'ils doivent devenir par elles.* » (II, 7).

Quæ *divina revelatio* dicitur, haud alia est igitur quam *hominis instincta mens*.

Hæc sublimis ratio, quæ supra intellectum vulgi ascendit, ea est cujus decreta legumlator ipsis diis dictantibus attribuit.

Non autem potest quivis homo diis verba sua accommodare, neque fidem facere cum se deorum interpretem esse dicit.

Magnus legumlatoris animus hoc est vere miraculum quo mandatum ejus confirmandum est.

Quilibet homo lapideis tabulis verba insculpere potest, vel emere oraculum, vel secretum cum numine quodam commercium simulare, vel avem instituere ut ad suam aurem insusurret, vel alia facilia ac rudia invenire ut populo imponat.

Hic qui nihil ultra cognoverit poterit etiam vesanam turbam forte congregare; nunquam vero imperium condet; et ejus amentissimum opus cum eo ipso mox peribit.

Ut vanis præstigiis caducum vinculum fingitur, ita e sapientia sola stabile fieri potest.

E lege judaïca, semper florente, e lege filii Ismaelis, quæ decem jam sæculis evolutis, dimidiam orbis terrarum partem regit, hodie etiam magni apparent viri qui eas dictaverunt...

Dum igitur superba philosophia vel cæcæ factiones eos habent tanquam felices præstigiatores, vir vere politicus in eorum institutis hoc magnum et valens ingenium miratur quod civitatibus præest stabiliter constitutis (1).

---

(1) « Cette *raison sublime*, qui s'élève au-dessus de la portée des *hommes vulgaires*, est celle dont le législateur met les décisions dans la bouche des immortels.....

« Mais il n'appartient pas à tout homme de *faire parler les dieux* ni d'en être cru quand il s'annonce pour être leur interprète.

« *La grande âme du législateur est le vrai miracle* qui doit prouver sa mission.

« Tout homme peut graver des tables de pierre ou acheter un oracle, ou feindre un secret commerce avec quelque divinité, ou dresser un oiseau pour lui parler à l'oreille, ou trouver d'autres moyens grossiers d'en imposer au peuple.

« Celui qui ne saura que cela pourra même assembler par hasard une troupe d'insensés; mais il ne fondera jamais un empire, et son extravagant ouvrage périra bientôt avec lui.

« De vains prestiges forment un lien passager; il n'y a que la *sagesse* qui le rende durable.

« La loi judaïque toujours subsistante, celle de l'enfant d'Ismaël,

De propheta Mahometo haud aliter disserit britannicus ille philosophus, *Carlyle*, quam Russeus noster :

The word this man spoke has been the life-guidance now of a hundred-and-eigty millions of men these twelve-hundred years.....
Are we to suppose that it was a miserable piece of spiritual legerdemain.....?
This Mahomet, then, we will in no wise consider as an Inanity and Theatricality, a poor conscious ambitious schemer; we cannot conceive him so.
The rude message he delivered was a real one withal; an earnest confuse voice from the unknown Deep...
The man's words were not false, nor his workings herebelow; no Inanity and Simulacrum; a fiery mass of Life cast-up from the great bosom of nature herself. To *Kindle* the world; the world's Maker had ordered it so..... (*On Heroes*, lecture II).

Quantum primoribus faveat Russeus satis apparet, quippe qui revera verba congerat : summam intelligentiam, sublimem rationem, magnum animum, egregios viros, egregios legislatores, valida ingenia... Quin etiam : « Diis opus esset, inquit, ut leges hominibus constituerentur ! »

Et acutissime intimum humani generis introspexit vitium, qui hanc sententiam elocutus sit :

IGNOBILES ANIMI NON CREDUNT ESSE MAGNOS VIROS (1).

Ætate nostra, ille poeta præcellens, *Victor Hugo*, egregie dicebat : *atheismo erga Viros* initum est,

qui, depuis dix siècles, régit la moitié du monde, annoncent encore aujourd'hui les *grands hommes* qui les ont dictées.....
« ..... Et tandis que l'orgueilleuse philosophie ou l'aveugle *esprit de parti* ne voit en eux que d'*heureux imposteurs*, le *vrai politique* admire dans leurs institutions ce *grand et puissant génie* qui préside aux établissents durables ». (II, 7).

(1) « LES AMES BASSES NE CROIENT PAS AUX GRANDS HOMMES » (III, 12).

apud Gallicam gentem hodiernam, in *atheismum erga Deos*.

Quid enim Deus est, ipse dicam, nisi Vir major? Quid Vir, nisi minor Deus?

§ 24.

QUA VI CONSOCIATIONIS INDIVIDUUS TRANSFIGURETUR.

Si quis populum quemdam instituendum suscipere audet, necesse est seipsum eum sentiat qui, ut ita dicam, hominum naturam mutet... qui unumquemque Individuum, cum sit corpus aliquid perfectum et ab aliis segregatum, ita transfiguret ut quasi partem cujusdam majoris corporis efficiat ex quo Individuus ille vitam suam et ens suum quodam modo accipiat ; qui denique hominis constitutionem immutet ut corroboret, et vitæ illi physicæ atque a nemine pendenti quam omnes a rerum natura accepimus partiariam hanc et moralem vitam substituat (1).

Individuus, cum a « *natura* » ad « *institutionem* » progreditur, fit :

1° ex « *toto* », *pars*; id est, ex disjuncto, conjunctus ;

2° ex *physico* tantum ente, *morale* ens.

Ergo, in Contractu civili, Russeus ipsa eadem arcte tenet, quæ in Articulo de Œconomia politica et in Dissertatione de Inæqualitate, — et *sibi constat*.

---

(1) « Celui qui ose entreprendre d'*instituer* un peuple doit se sentir en état de *changer pour ainsi dire la* nature humaine..... de *transformer* chaque individu, qui par lui-même est un *tout* parfait et solitaire, en *partie* d'un plus grand tout dont cet individu *reçoive* en quelque sorte sa vie et son être; d'altérer la constitution de l'homme pour la *renforcer*; de substituer une existence *partielle et morale* à l'existence *physique et indépendante* que nous avons tous reçue de la nature. » (II, 7).

CAPUT IV

DE OPERE QUOD INSCRIBITUR « ÆMILIUS ».

Attamen, in opere quod « Æmilius » inscribitur, tres tantummodo locos deprehendere velimus :
1° De statu naturali et statu civili ;
2° De lege civili ;
3° De Civitate antiqua, cum recentiore collata.

§ 1.

DE HOMINE « NATURALI » ET DE HOMINE « CIVILI ».

Homo naturalis sibi est quasi totum ; scilicet numerica unitas et integrum absolutum, ad sese tantum vel ad sui similia referendum.

Homo civilis contra dividua solummodo unitas est, quæ a numero regente pendet, et quæ tantum valet quoad ad illud integrum refertur quod est corpus sociale (1).

---

(1) « L'*homme naturel* est tout pour lui ; il est l'unité numérique, l'*entier absolu*, qui n'a de rapport qu'à lui-même ou à son semblable.

« L'*homme civil* n'est qu'une *unité fractionnaire* qui tient au dénominateur, et dont la valeur est dans son rapport avec l'entier, qui est le corps social ».

§ 2.

DE OFFICIO LEGIS.

Quas partes in Civitate agat Lex interrogas? Lex *naturalem* hominem in *civilem* vertit :

Ea bene a consociatis hominibus instituuntur, quæ maxime hominem denaturant, eique vitam absolutam tollunt ut relativam conferant et ejus personam transferant in communem unitatem; ita ut privatus quisque sibi habendus sit non quasi unitas quædam, sed quasi unitatis particula, et nihil possit nisi in toto sentire (1).

§ 3.

DE CIVITATE ANTIQUA, CUM RECENTIORE COLLATA.

Illam Russeus contendit esse admirabilem; hanc, contra, detestabilem :

Civis quilibet romanus non erat Caïus aut Lucius: Romanus erat; quin etiam, se ipso excluso, patriam diligebat.
Quicumque in civili ordine naturales sentiendi modos tanquam primos et præcipuos servare vult, is nescit quid velit. A se ipso semper dissidens, semper inter impulsiones et officia fluctuans, nunquam erit homo, neque civis; neque sibi ipsi neque ceteris bonus erit; sed unus erit ex his hodiernis hominibus, scilicet Gallus, aut Britannus, urbanus quidam; nullus erit (2).

---

(1) « Les bonnes institutions sociales sont celles qui savent le mieux *dénaturer* l'homme, lui ôter son existence *absolue* pour lui en donner une *relative*, et *transporter le moi dans l'unité commune*; en sorte que chaque particulier ne se croie plus un, mais partie de l'unité, et ne soit plus *sensible que dans le tout* ».

(2) « Un citoyen de Rome n'était ni Caïus ni Lucius; c'était un Romain; même il aimait la patrie exclusivement à lui.....

« Celui qui dans *l'ordre civil* veut conserver la primauté des sen-

Nihil explicatius esse potest. Eadem ceterum insectatione, in opere quod « Considerationes de administranda Polonia » inscribitur, adversus nostræ ætatis Civitates vehementer desævit.

---

timents de la *nature*, ne sait ce qu'il veut. Toujours en contradiction avec lui-même, toujours flottants entre ses *penchants* et ses *devoirs*, il ne sera jamais ni homme ni citoyen ; il ne sera bon ni pour lui ni pour les autres. Ce sera un de ces hommes de nos jours, un Français, un Anglais, un bourgeois ; ce ne sera rien ».

CAPUT V

DE OPERE QUOD « CONSIDERATIONES DE ADMINISTRANDA POLONIA » INSCRIBITUR.

In capite secundo, hanc thesim, quam proponimus, Russeus ipse iterum confirmat :

1° Russeus, ut ea tempora despicit, ubi solebat humanum genus vitam degere segregatam et quasi mente destitutam, ita hoc vitæ genus suspicit ulterius, in quo consociatione excitata mens quasi virere et florere incipit;

2° Sed, cum illam apud veteres sanam consociationem verbis extollit, tum hanc apud nos recentiorem, insalubrem et pestilentem, abominatur et exsecratur.

§ 1.

DE CIVILIS CONSTITUTIONIS COMMODIS ; ET DE JUDÆA GENTE.

Moses mirabile illud concepit et perfecit quo in corpus civile informavit turbam miserorum erronum sine artibus, sine armis, sine ingenio, sine virtutibus, sine fortitudine...

Moses ex hoc erratico et servili grege corpus politicum efficere ausus est et populum liberum (1).

---

(1) « (Moïse) forma et exécuta l'étonnante entreprise d'instituer en *corps de nation* un essaim de malheureux fugitifs, *sans arts*, sans armes, *sans talents*, sans vertus, sans courage.....

« Moïse osa faire de cette *troupe errante et servile* un corps politique, un peuple libre..... » (ch. 2).

Russeus igitur *mores cultos* anteponit *incultis*.

§ 2.

QUO PACTO SANAM LEGEM CIVILEM RUSSEUS MIRETUR.

Cum hodiernas gentes considero, multos quidem video legum artifices sed nullum legumlatorem.

Apud antiquas autem gentes, tres præcipuos discerno : Mosem, Lycurgum, et Numam (1).

Russeus miratur quanam ratione Moses judæam gentem constituerit :

Ei dedit institutum illud stabile, quod non destruere potuerunt tempus, fortuna, debellatores, quod reipsa post quinque millia annorum neque abolitum neque adulteratum est, quod denique plene valens hodie manet, etiam cum ipsum populi corpus non jam maneat.

Inde hæc natio singularis, sæpius subdita et dispersa, et, ut credebatur, deleta, sed semper suam « thoram » vehementissime diligens, usque ad annos nostros duravit, inter alias sparsa, non autem confusa; cujus mores, leges, ritus manent et manebunt usque ad finem humani generis, non obstantibus ceterorum populorum odio et vexationibus (2).

---

(1) « Je regarde les nations modernes. J'y vois force *faiseurs de lois* et pas un *législateur*.....

« Chez les anciens, j'en vois trois principaux..... Moïse, Lycurgue, et Numa..... » (ch. 2).

(2) « Il lui donna *cette institution durable*, à l'épreuve du temps, de la fortune et des conquérants, que cinq mille ans n'ont pu détruire ni même altérer, et qui subsiste encore aujourd'hui dans toute sa force, lors même que le corps de la nation ne subsiste plus.....

C'est par là que cette singulière nation, si souvent subjuguée, si souvent dispersée, et détruite en apparence, mais toujours *idolâtre de sa règle*, s'est pourtant conservée jusqu'à nos jours, éparse parmi les autres sans s'y confondre, et que ses mœurs, ses lois, ses rites, subsistent et dureront autant que le monde, malgré la haine et la persécution du reste du genre humain »

Fatendum est non eum esse Russeum qui, ex verbis recentissimi scriptoris Hyperborei, « obtrectator legum » dicatur (« *ennemi des lois* »).

§ 3.

QUANTI MOMENTI SIT CIVILIS EDUCATIO.

Sed Russeum non fugit *legem* civilem nihil posse, nisi, ut ita dicam, *fidei* civili innixam.

Nulla erit bona et solida constitutio nisi ubi lex in civium animis regnabit...
Donec legum vis non ita valebit, leges semper eludentur...
Quomodo autem animos attingas ? (1)

§ 4.

QUOMODO RUSSEUS CIVITATEM ANTIQUAM LAUDIBUS EFFERAT, AT CONTRA RECENTIOREM DETRECTET.

De Civitate antiqua :

Si quis antiquas historias pervolvit, ille sibi videtur tanquam in orbe quodam alio et inter homines nostri dissimiles versari.
Quid commune cum Romanis et Græcis habent Galli, Britanni, Moscovitani? Nihil quidem præter figuram.
Illorum firmi animi his videntur tanquam ab historicis in majus elati. Quomodo enim hi, cum se tantulos sentiant, intelligere possint fuisse tantos viros? Attamen illi fuere, et humani entes, sicut nosmet ipsi, erant.

---

(1) « Il n'y aura jamais de bonne et solide constitution que celle où la loi *règnera sur les cœurs* des citoyens.....
« Tant que la force législative n'ira pas jusque là, les lois seront toujours éludées.....
« Mais comment arriver aux cœurs?...... etc. etc. » (ch. 1).

Quin simus homines iis similes quid obstat? Scilicet nostræ vanæ opiniones, et vilis nostra philosophia, et cupidines abjectæ in omnes animos, cum sui amore immodico, ab institutis stolidis quæ nullum dictavit ingenium infixæ (1).

De recentiore Civitate :

Leges quidem habent, sed eas quidem tantum quibus doceantur domino parere, nec furari loculos explorando, et multam pecuniam publicis latronibus dare.

Cultos quidem mores habent, sed ad id tantum ut oblectentur otiosis et lascivis mulieribus, et suam deambulatum ducant eleganter.

Conveniunt quidem, sed nunc in templa, ut cultum celebrent minime genti aptum, neque ullo modo patriæ memorem; nunc in auditoria clausa, id est in theatra effeminata ac dissoluta ubi de amore tantum agitur, ut, magno pretio, histriones declamantes videant atque arridentia scorta, et corruptelæ studeant, quæ sola vere docetur, si multa alia dicuntur doceri; nunc denique in has protervas turbas, ubi secretos et turpes amores quærant, et eas voluptates quæ homines maxime dividant, et quibus animi maxime laxentur... (2).

---

(1) « Quand on lit l'histoire ancienne, on se croit transporté dans *un autre univers* et parmi d'autres êtres.

« Qu'ont de commun les Français, les Anglais, les Russes, avec les Romains et les Grecs? Rien presque que la figure.

« Les fortes âmes de ceux-ci paraissent aux autres des exagérations de l'histoire. Comment eux qui se sentent si petits penseraient-ils qu'il y ait eu d'aussi grands hommes? *Ils existèrent pourtant*, et c'étaient des humains comme nous.

« Qu'est ce qui nous empêche d'être des hommes comme eux? Nos préjugés, notre basse philosophie, et les passions du petit intérêt, concentrées avec l'égoïsme dans tous les cœurs par des institutions ineptes que le génie ne dicta jamais (ch. 1).

(2) « S'ils ont des lois, c'est uniquement pour leur apprendre à bien obéir à leurs maîtres, à ne pas voler dans les poches, et à donner beaucoup d'argent aux fripons publics.

« S'ils ont des usages, c'est pour savoir amuser l'oisiveté des femmes galantes, et promener la leur avec grâce.

« S'ils s'assemblent, c'est dans des temples, pour un culte qui n'a rien de national, qui ne rappelle en rien la patrie; c'est dans des salles bien fermées et à prix d'argent, pour voir sur des théâtres

Ex his excerptis satis superque manifestum est Russeum, non sanam, sed tantummodo vitiatam Civitatem odisse.

Ab illo enim hæc una Civitas *pessima* dicitur in qua patet *optimi corruptio*.

---

efféminés, dissolus où l'on ne sait parler que d'amour, déclamer des histrions, minauder des prostituées, et pour y prendre des leçons de corruption, les seules qui profitent de toutes celles qu'on fait semblant d'y donner..... c'est dans des cohues licencieuses, pour s'y faire des liaisons secrètes, pour y chercher les plaisirs qui séparent, isolent le plus les hommes, et qui relàchent le plus les cœurs..... etc. etc. » (ch. 1).

CAPUT VI

DE CODICE QUI DICITUR « GENAVENSIS CODEX ».

Opera Russei quinque a nobis inspecta sunt, scilicet :
1° Articulus de Œconomia politica;
2° Dissertatio de Inæqualitate;
3° Contractus civilis;
4° Æmilius;
5° Considerationes de administranda Polonia.
E quibus patet :
1° Russeum non esse, ut credidit *C. Bonnet*, Civitatis obtrectatorem, sed contra fautorem;
2° Contractum civilem et Dissertationem de Inæqualitate non, ut credidit *J. Morley*, dissentire, sed, contra, omnino consentire.
Relinquitur ut inquiramus num doctrina sociologica quam in Genavensi Codice Russeus profitetur a doctrina in ceteris ejus operibus proposita dissentiat, ut credidit *Al. Bertrand*.

§ 1.

HOMINEM PRIMITUS MERUM ANIMAL FUISSE.

Sic suavis illa vox naturæ non jam nobis est dux certissimus, neque jam hæc fera libertas, quam ex ea accepimus, condicio est optabilis; pax enim et innocentia in perpetuum aufugerunt, priusquam earum deliciæ a nobis gustatæ fuerunt; felix illa et aurea ætas, quam stolidi priscorum temporum homines sentire non potuerunt, et quæ sagacioribus recentiorum temporum hominibus erepta est, semper humano generi tanquam aliena fuit, quia aut neglecta est, cum ejus beneficiis frui liceret, aut amissa, cum jam eam sentire licuisset.

Immo, hæc absoluta libertas, hæc sine freno licentia, etiam si cum antiqua innocentia conjuncta permansisset, semper tamen vitio laborasset intimo, et processui excellentissimarum facultatum valde nocituro, scilicet cum partes non eo vinculo colligatæ et consociatæ essent, quo corpus quoddam constituitur.

Terra hominibus cooperta esset, inter quos nulla fere esset communicatio; alicubi juxtapositi, nusquam conjuncti essemus; quisque, inter ceteros semper solitarius, ad se unice animadverteret; intellectus non cresceret; vitam degeremus sine ullo sensu; morti succumberemus, nec vita fructi essemus; unica nobis ea esset felicitas, quod miseriam nostram non sentiremus; neque esset ulla bonitas in cordibus nostris, neque moralitas in nostris actis, neque a nobis unquam perceptæ fuissent hæ animi deliciæ, scilicet virtutis amor (1).

---

(1) « Ainsi la douce voix de la nature n'est plus pour nous un guide infaillible, ni l'indépendance, que nous avons reçue d'elle, un état désirable, la paix et l'innocence nous ont échappé pour jamais, avant que nous en eussions goûté les délices ; insensible *aux stupides hommes des premiers temps,* échappée aux hommes éclairés des temps postérieurs, l'heureuse vie de l'âge d'or fut toujours un état étranger à la race humaine, ou pour l'avoir méconnu, quand elle en pouvait jouir, ou pour l'avoir perdu, quand elle aurait pu le connaître.

« Il y a plus encore, cette parfaite indépendance et cette liberté sans règle, fût-elle même demeurée jointe à l'antique innocence, aurait eu toujours un vice essentiel et *nuisible au progrès de nos plus excellentes facultés,* savoir, le *défaut de cette liaison des parties, qui constitue le tout.*

« La terre serait couverte d'hommes, entre lesquels il n'y aurait presque aucune communication ; nous nous toucherions par quelques points, sans être unis par aucun, chacun resterait isolé parmi les autres, chacun ne songerait qu'à soi ; *notre entendement ne saurait se développer, nous vivrions sans rien sentir,* NOUS MOURRIONS SANS AVOIR VÉCU ; *tout notre bonheur consisterait à ne pas connaitre notre misère* ; il n'y aurait *ni bonté* dans nos cœurs, *ni moralité* dans nos actions, et **nous n'aurions jamais goûté le plus délicieux sentiment de l'âme, qui est l'amour de la vertu** ».

Verba quam notatione digna!

Apud humanum genus, recens ab origine, reperias fere nullam *mentem*, nullos *mores*, nullas *ideas*, nullos *affectus*.

His remotissimis temporibus, Individuus *stupet*, et hoc tantum *felix* est quod ignorat se esse *infelicem*.

Quod vitæ genus recidit ad hanc summam : *mori, nec vixisse*.

§ 2.

DE « PRIVATIS UTILITATIBUS » UTPOTE CONTRARIIS ; ET DE INDIVIDUIS INTER SE PUGNANTIBUS.

Qua via tamen potest humanum genus ex hoc quasi *nihilo* oriri? Consociatione, et sola consociatione.

Sed omnis consociatio justitiæ innititur. Porro, quo pacto ita mutandi sunt Individui ut justitiam discant et servent? Hæc est quæstio : namque dissidere privatas utilitates Individui admodum credunt.

Falsus est qui dicit humanam rationem, in absolutæ libertatis condicione, suadere posse ut, nostræ propriæ utilitatis causa, bono communi conspiremus...

Adeo enim non conjungitur privatum commodum cum bono communi ut contra, in naturali rerum condicione, alterum altero excludatur ; tunc igitur leges sociales sunt quasi jugum quod quisque ceteris imponere, a se declinare vult (1).

---

(1) « Il est faux que, dans l'état d'*indépendance*, la raison porte à concourir *au bien commun* par la vue de *notre propre intérêt*.....

« ..... Loin que l'*intérêt particulier* s'allie au *bien général*, ils s'ex-

Russeus fingit personam contumacis cujusdam qui talia acriter profitetur :

Sentio me pavorem et quasi tumultum in genus humanum inferre, aït homo iste ferus, cujus vocem in se sapiens premit; sed necesse est aut me miserum esse, aut per me ceteros miseros fieri; neque quisquam mihi me ipso carior est.

Frustra, addet forsan insuper, commodum meum cum ceterorum commodo conciliare vellem; ea omnia quæ mihi de lege sociali evolvitis bona quidem essent, si cum ea in ceteros diligenter observarem, certus essem illos eadem erga me omnes observaturos esse. Quid vero certi de hoc mihi præbere potestis? Et mea condicio num pejor esse potest quam si iis omnibus malis obnoxius sim quæ potentiores in me conferre velint, nec audeam ex debilioribus mea damna pensare? Aut mihi sponsores adhibete adversus ea quæ inique admitti possint, aut ne sperate fore ut ego invicem ab injustis rebus me abstineam.

Frustra dicetis me, dum officia desero quæ naturali lege imposita sunt, jura simul repudiare quæ ex ea sunt orta, et vi ac violentia mea omnem vim, si qua mihi inferatur, justam et æquam fieri. His eo facilius assentior, quod non video quomodo moderatio mea me tutum faciat. Ceterum, res mea erit potentiores mihi conciliare, cum iis humiliorum spolia communicando: quod quidem justitiæ præstabit, quod ad meum commodum et ad meam securitatem attinet (1),

eluent l'un l'autre dans l'*ordre naturel* des choses; et les *lois sociales* sont un *joug* que chacun veut bien imposer aux autres, mais non pas s'en charger lui-même. »

(1) « Je sens que *je porte l'épouvante* et le trouble au milieu de l'espèce humaine, dit l'homme indépendant, que le sage étouffe; mais *il faut que je sois malheureux, ou que je fasse le malheur des autres*; et personne ne m'est plus cher que moi.

« C'est vainement, pourra-t-il ajouter, que je voudrais *concilier mon intérêt avec celui d'autrui*; tout ce que vous me dites de la loi sociale *pourrait être bon*, si, tandis que je l'observerais scrupuleusement envers les autres, j'étais *sûr* qu'ils l'observeraient *tous* envers moi; mais quelle sûreté pouvez-vous me donner là-dessus, et ma situation peut-elle être pire que de me voir exposé à tous les maux, que les plus forts voudront me faire, sans oser me dédommager sur les faibles? Ou donnez-moi des garants contre toute entreprise injuste, ou n'espérez pas que je m'en abstienne à mon tour.

« Vous avez beau me dire qu'en renonçant aux devoirs que m'im-

§ 3.

DE GENTIBUS INTER SE PUGNANTIBUS.

Hæc ita disputat contumax ille; cujus ut argumentationem confirmet, Russeus addit :

Ita certe argumentaturum fuisse illum hominem intelligentem et liberum ex eo liquet quod ita omnino argumentatur omnis societas quæ, sui domina, sibi soli rationes referre debeat (1).

Hanc supra opinionem excerpsimus, in « Articulo de Œconomia politica ». Et alias, quo pacto *jus* et *vis*, quamquam contraria principia sunt, tamen sint addititia, explanare tentavi.

§ 4.

DE « VOLUNTATE GENERALI » ET DE « VOLUNTATE PRIVATA ».

Illum audiimus qui *privatas utilitates prorsus inter se dissidere* putat et propterea censet ineundam esse *pugnam atrocem*.

---

pose la loi naturelle (?), je me prive en même temps de ses droits, et que mes violences autoriseront toutes celles dont on voudra user envers moi. J'y consens d'autant plus volontiers que je ne vois point comment ma modération pourrait m'en garantir. *Au surplus ce sera mon affaire de mettre les forts dans mes intérêts, en partageant avec eux les dépouilles des faibles*; cela vaudra mieux que la justice pour mon avantage et pour ma sûreté. »

(1) « La preuve que c'est ainsi qu'eût raisonné l'homme éclairé (?) et indépendant est que c'est ainsi que raisonne toute société souveraine, qui ne rend compte de sa conduite qu'à elle-même. »

Atqui, non ille unus hæc ita disputat, sed fere omnes.

Russeus interrogat : « Quid tali argumentationi valenter respondeas »?

Nihil habes quod respondeas, nisi privatas utilitates inter se convenire demonstraveris.

Quam grave tamen atque operosum est illud demonstrare ! Quam difficile est ad considerandum « *maximum omnium civium bonum* » insurgere!

De *voluntatis generalis* et *voluntatis privatæ* inextricabili nexu agitur.

De quo sane nusquam apertius disseruit Russeus quam in hoc Genavensis Codicis fragmento :

Philosophus me ad ipsum genus humanum vocabit, cui soli statuendi potestas est, quippe quod hoc solummodo vehementer appetat, scilicet summum omnium bonum. Generali voluntati, inquiet, Individuus quisque se referre debet, ut discat quatenus debeat esse homo, civis, subjectus, pater, filius, et quando vivere, quando mori deceat.

Ibi certe me videre fateor normam ad quam me referre possim ; nondum autem causam video, dicet homo ille absolutus (*in-dépendant*), qua me huic normæ subjici oporteat.

Nota : Non mihi docendum est quid sit justitia, sed quid commodi mihi conferre possit justitia servata.

Omnes quidem concedunt voluntatem generalem in quoque Individuo merum esse intellectus actum, cum, silentibus cupiditatibus, cogitet quid homo ab homine, sub vicissitudinis condicione, exigere possit.

Ubi autem est homo ille qui se a se ipso ita abscindere possit? Cum hoc primum et præcipuum a natura præceptum sit ut de sua propria incolumitate curet, num homo coerceri potest ut genus ita in summa prospiciat, et sibi officia imponat quorum non videat congruentiam cum suo privato statu ? Nonne manent objecta quæ supra evolvimus ? Nonne superest ut intelligatur quomodo suo ipsius commodo cogatur generali voluntati parere ?

Jam vero, cum illa ars de universo ita ratiocinandi difficillima sit disciplina et sera in humano intellectu, num vulgus unquam poterit ex his argumentis vitæ præcepta ducere? Cum igitur de quadam privata re generalis voluntas consulenda foret, nonne sæpius homo, vel benevolus, in errorem induceretur de norma vel de ejus interpretatione, et suam inclinationem sequeretur, cum legi se parere crederet?

Quid igitur faciet ut errorem vitet? Num ille vocem internam audiet? Quum dicatur vox illa ex nihilo oriri nisi e consuetudine quadam judicandi et sentiendi, in media societate, et secundum leges societatis, ea nimirum ad has leges instituendas nulla est. (Nota:) Oporteret, insuper, nullam earum cupiditatum in hujus hominis corde increvisse quarum vox ingens timidam conscientiæ vocem ita vincit, ut philosophi asseverent nullam hanc vocem esse.

Num ille principia legum scriptarum consultabit, et omnium nationum socialia acta, et ipsorum inimicorum generis humani tacita pacta? Semper adest prima difficultas : etenim ex illa tantum societatis condicione quam inter nos constitutam habemus, hujus lineamenta ducimus quam animo ac mente fingimus.

E societatibus specialibus societatem universam concipimus; ex parvarum civitatum institutione magnam civitatem imaginamur; neque prius vere homines fieri incipimus quam cives fuimus. Ex quo apparet quid sentiendum sit de his commenticiis « cosmopolitanis » qui, dum suum erga patriam amorem suo erga genus humanum amore absolvunt, se prædicant omnium amatores, ut sibi reipsa neminem amare liceat (1).

---

(1) « (Le philosophe me renverra par devant le genre humain même, à qui seul il appartient de décider, parce que *le plus grand bien de tous* est la seule passion qu'il ait. C'est, me dira-t-il, à la *volonté générale* que l'individu doit s'adresser pour savoir jusqu'où il doit être homme, citoyen, sujet, père, enfant, et quand il lui convient de vivre et de mourir.

« Je vois bien là, je l'avoue, la règle que je puis consulter, mais je ne vois pas encore, dira notre homme indépendant, la raison qui doit m'assujettir à cette règle.

« (Note:) *Il ne s'agit pas de m'apprendre ce que c'est que justice, il s'agit de me montrer quel intérêt j'ai d'être juste.*

« Que la **volonté générale** soit dans chaque individu un *acte pur de l'entendement* qui raisonne *dans le silence des passions* sur ce que l'homme peut exiger de son semblable et sur ce que son semblable peut exiger de lui, nul n'en disconviendra.

« Mais, où est l'homme qui puisse ainsi SE SÉPARER DE LUI-MÊME, et

Ex illa magni momenti argumentatione, duæ res postulantur :

1° Demonstrandum est *meu referre* æquum *esse*.

Hoc enim est problema morale. Justitia non negatur vel minuitur utilitas mea, sed contra affirmatur et extenditur, — si modo velim a falsa utilitate veram discernere.

---

si le soin de sa propre conservation est le premier précepte de la nature, peut-on le forcer de regarder ainsi l'espèce en général pour s'imposer, à lui, des *devoirs dont il ne voit pas la liaison avec sa constitution particulière?* Les objections précédentes ne subsistent-elles pas toujours, et ne reste-t-il pas encore à voir *comment son* INTÉRÊT PERSONNEL *exige qu'il se soumette à la* VOLONTÉ GÉNÉRALE.

« De plus, comme l'art de généraliser ainsi ses idées est un des exercices les plus difficiles et les plus tardifs de l'entendement humain, le commun des hommes sera-t-il jamais en état de tirer de cette manière de raisonner les règles de sa conduite, et quand il faudrait consulter la volonté générale sur un acte particulier, combien de fois n'arriverait-il pas à un homme bien intentionné de se tromper sur la règle ou sur l'application et de ne suivre que son penchant en pensant obéir à la loi?

« Que fera-t-il donc pour se garantir de l'erreur? Écoutera-t-il la voix intérieure? Mais cette voix n'est, dit-on, formée que par l'habitude de juger et de sentir dans le sein de la société et selon ses lois, elle ne peut donc servir à les établir. (Note :) Et puis il faudrait qu'il ne se fût élevé dans son cœur aucune de ces passions qui parlent plus haut que la conscience, couvrent sa timide voix, et font soutenir aux philosophes que cette voix n'existe pas.

« Consultera-t-il les principes du droit écrit, les actions sociales de tous les peuples, les conventions tacites des ennemis même du genre humain? La première difficulté revient toujours, et ce n'est que de l'ordre social, établi parmi nous, que nous tirons les idées de celui que nous imaginons.

« Nous concevons la société générale d'après nos sociétés particulières, l'établissement des petites républiques nous fait songer à la grande, *et nous ne commençons proprement à devenir hommes qu'après avoir été citoyens*. Par où l'on voit ce qu'il faut penser de ces prétendus cosmopolites qui, justifiant leur amour pour la patrie par leur amour pour le genre humain, se vantent d'aimer tout le monde pour avoir le droit de n'aimer personne. »

2° Ergo, necesse est Individuum in duas facultates et quasi personas dirimi, quarum altera est «*ratio*», vel « voluntas generalis » ; altera « *passio* », vel « voluntas privata ».

Quid sit denique, apud Russeum, illa « generalis voluntas », compertum habemus : eadem est « *generalis* voluntas » atque « *rationalis* voluntas ».

§ 5.

DE FALSA ET DE VERA UTILITATE.

Falsam utilitatem a vera Russeus, in Genavensi Codice, acutissime secernit :

Minime nobis existimandum est nullam nobis esse virtutem aut felicitatem, et nos a diis sine ullo perfugio humani generis depravationi expositos fuisse : at potius ex ipso malo extrahamus medium quo sanari possit...

De eventu noster ipse vehemens interpellator judicet. Isti ostendamus arte perfecta ea damna compensata esse quæ ars inchoata naturæ intulerat. Ei ostendamus maximam miseriam illi condicioni inesse quam faustam habebat, et maxime inania ea argumenta esse quæ solida esse putabat. Illi appareat in meliori quadam rerum constitutione præmium benefactorum, pœna malefactorum, et jucunda justitiæ cum felicitate concordia.

Nova luce istius mens illustretur; novis affectibus animus ejus calescat, ut discat vitam suam et suam felicitatem multiplicare, cum homines earum participes faciat.

Si quidem in hoc incepto non sum sedulitate mea occæcatus, non dubitandum est fore ut, animo valenti et recto intellectu præditus, iste generis humani inimicus odio suo simul et suis erroribus se abdicet; et ratione, quæ eum nuper in errorem inducebat, mox ad humanitatem revocetur; et mendaci suæ utilitati sanam et veram suam utilitatem anteponere discat; et fiat bonus, probus, tener; denique, cum nuper ferus quidam prædator esse vellet, nunc firmissimum societatis recte ordinatæ præsidium evadat (1).

Nunc totam idearum quasi seriem et catenam habemus :

1° *lex* hauritur ex « *voluntate generali* » ;

2° « *voluntas generalis* » nihil aliud est quam, apud Individuum quemque, *vox rationis*, qua obstrepitur passionis voci ;

3° *vox rationis* constat ex conscientia *veræ utilitatis*.

In summa, in Genavensi Codice, duæ præsertim sententiæ proferuntur :

A. Individuus, primum, cum segregatus vivit, *stupet*; deinde, cum consociatus est, fit vere *homo*.

---

(1) « ..... Loin de penser qu'il n'y ait ni *vertu* ni *bonheur* pour nous, et que le ciel nous ait abandonnés sans ressource à la dépravation de l'espèce, efforçons-nous de tirer du mal même le remède qui doit le guérir.....

« Que notre violent interlocuteur juge lui-même du succès. Montrons-lui dans l'*art perfectionné* la réparation des maux que l'*art commencé* fit à la nature. Montrons-lui toute la misère de l'état qu'il croyait heureux, tout le faux du raisonnement qu'il croyait solide. Qu'il voie dans *une meilleure constitution des choses* le prix des bonnes actions, le châtiment des mauvaises, *et l'accord aimable de la justice et du bonheur.*

Eclairons sa raison de nouvelles lumières, échauffons son cœur de nouveaux sentiments et qu'il apprenne à *multiplier son être et sa félicité*, en les partageant avec ses semblables.

« Si mon zèle ne m'aveugle pas dans cette entreprise, ne doutons point, qu'avec une âme forte et un sens droit, cet ennemi du genre humain *n'abjure enfin sa haine avec ses erreurs*, que la raison qui l'égarait, le ramène à l'humanité, qu'il n'apprenne *à préférer à son intérêt apparent son intérêt bien entendu* ; qu'il ne devienne bon, vertueux, sensible, et pour tout dire, enfin, d'un *brigand féroce*, qu'il voulait être, le plus ferme appui d'une société bien ordonnée ».

Consociatione igitur viget et floret Individuus, id est Civitate.

B. Non autem stare consociatio vel Civitas potest, nisi *Justitiæ* innixa vel Legi, qua exprimitur « generalis voluntas », vel « ratio » « veræ utilitatis » conscia.

CONCLUSIO.

Ex Genavensi Codice cum ceteris Russei operibus collato, liquet Russeum semper et ubique Civitati favisse utpote non depravatæ, — et omnino sibi constitisse.

Vidi ac perlegi,

Lutetiæ Parisiorum, in Sorbona, pridie Kal. mai. ann. MDCCCXCIV,

Facultatis litterarum in Academia Parisiensi Decanus,

H. HIMLY.

Typis mandetur :

Academiæ Parisiensis Rector;

GRÉARD.

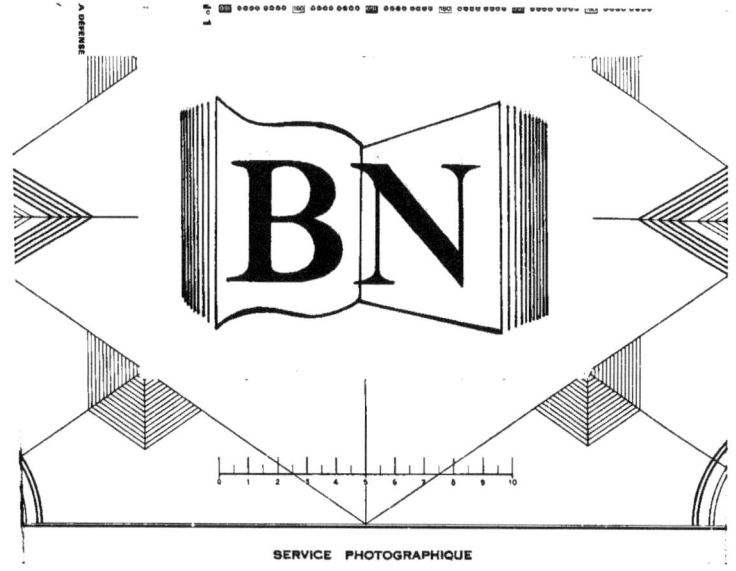

www.ingramcontent.com/pod-product-compliance
Lightning Source LLC
LaVergne TN
LVHW050622090426
835512LV00008B/1615